图书情报与信息管理实验教材

档案信息组织与检索实验教程

An Experimental Instruction to Archival Information Organization and Retrieval

编著 肖秋会

参编 许晓彤 覃洁清 张 榆 赵文艳 张 欣

WUHAN UNIVERSITY PRESS
武汉大学出版社

图书在版编目(CIP)数据

档案信息组织与检索实验教程/肖秋会等编著.—武汉：武汉大学出版社,2016.4

图书情报与信息管理实验教材

ISBN 978-7-307-17495-5

Ⅰ.档…　Ⅱ.肖…　Ⅲ.①档案整理—高等学校—教材　②档案—检索方法—高等学校—教材　Ⅳ.G272

中国版本图书馆 CIP 数据核字(2016)第 006565 号

责任编辑:詹　蜜　　责任校对:李孟潇　　版式设计:韩闻锦

出版发行：**武汉大学出版社**　(430072　武昌　珞珈山)

(电子邮件：cbs22@whu.edu.cn　网址：www.wdp.com.cn)

印刷：湖北金海印务有限公司

开本：720×1000　1/16　印张:11.5　字数:204 千字　插页:1

版次：2016 年 4 月第 1 版　2016 年 4 月第 1 次印刷

ISBN 978-7-307-17495-5　定价:24.00 元

前言

《档案信息组织与检索实验教程》是与本科课程“档案信息检索”配套的实验教材。本课程的实习实验总体上分为两方面内容：第一，档案信息组织方法的实习训练，包括档案著录和档案标引；第二，档案信息检索方法的实习与实验，包括档案检索工具的编制、网络环境下的档案信息检索等内容。其目的是促进学生对授课内容的理解和应用。要求学生掌握档案著录的基本规则，熟悉《中国档案分类法》的类目设置及复分、仿分规则，熟练掌握档案分类标引的基本步骤和方法，掌握复分、仿分的技术要点；掌握《中国档案主题词表》的基本原理及档案主题标引规则；熟练掌握案卷目录等档案基本检索工具的编制方法；熟悉网络环境下的档案信息描述、组织和检索方法，对国内外具有代表性的档案网站信息检索系统进行分析与评估。

该教材共分为六章：第一章“档案信息组织与检索实习概述”、第二章“档案著录”、第三章“档案分类标引”、第四章“档案主题标引”、第五章“档案检索工具的编制”、第六章“网络环境下的档案信息组织与检索”，并围绕上述内容设计了如下实习训练：“档案著录”、“《中国档案分类法》及档案分类标引”、“《中国档案主题词表》及档案主题标引”、“《中国分类主题词表》网络版的使用”、“电子档案著录”、“档案检索工具的编制”、“电子档案元数据抽取及著录”、“档案网站信息检索及评价”。

本书由肖秋会组稿统编。第一章由肖秋会撰写，档案学硕士研究生张榆、许晓彤、覃洁清、张欣、赵文艳分别参与了本书第二章、第三章、第四章、第五章及第六章的编写工作。档案学专业程媛老师负责编写了本书第六章第三节元数据提取工具 Metadata-Extractor 使用的有关内容。段斌斌同学参与了本书第五章和第六章的校对工作。

感谢武汉大学信息管理学院和武汉大学出版社的大力支持和帮助。在本书写作过程中，引用和借鉴了不少专家和同行的论著，在此对他们表示深切的谢意。

由于时间仓促、水平有限，本书的实验设计难免存在疏漏或不当之处，敬请批评、指正。

目录

第 1 章　档案信息组织与检索实习概述

档案信息组织与检索是联系档案业务工作与档案利用工作的关键，建立高效的档案信息检索体系是开展档案信息资源利用服务，充分发挥档案价值的重要保障。档案信息组织与检索工作对现代信息技术极为敏感，是现代信息技术和方法在档案工作中运用最为广泛的领域之一。数字网络环境下，档案信息组织与检索的方法和技术发展迅速，对课程建设提出了挑战。其课程的实习实验总体分为两方面内容：第一，档案信息组织，包括档案著录和档案标引；第二，档案信息检索，包括档案检索工具的编制和网络环境下的档案信息检索。

1.1　实习总目的

档案信息组织与检索的实习总目的是：让学生独立参与各项实习或实验，动手操作，将课堂上所学理论知识有机地融入实际工作，一能促进对授课内容的理解和消化，二能为今后从事专业相关工作打下良好基础。通过实习，掌握档案著录的基本规则；熟悉《中国档案分类法》和《中国档案主题词表》，熟练掌握档案分类标引和档案主题标引的基本步骤与方法；熟练掌握案卷目录等档案基本检索工具的编制方法，以及电子档案著录与检索的基本方法；熟悉网络环境下的档案信息描述、组织和检索方法，对国内外具有代表性的档案网站信息检索系统进行分析与评价。

1.2　实习的知识准备和要求

1.2.1　知识准备

本教材是与高等学校档案学专业系列教材《档案信息检索》（武汉大学出

版社 2011 年版）配套的实习教程，学生应系统学习如下标准、规则、方法等，为实习和实验的顺利开展奠定基础。

（1）《档案著录规则》（DA/T18—1999）的基本内容和要求，包括著录格式、著录项目、著录细则等。《中国档案机读目录格式》（GB/T20163—2006）的基本内容和要求。

（2）《中国档案分类法》的编制原则、体系结构、标记系统，组配规则和方法，复分与仿分技术要点。《中国分类主题词表》网络版的使用方法。

（3）《中国档案主题词表》的编制原则、体例结构，以及档案主题标引规则。

（4）档案案卷目录、专题目录、专题指南等检索工具的特点、功能和编制方法。

（5）文件元数据抽取软件的功能及其使用。

（6）档案网站信息检索途径、检索策略及其评价。

1.2.2　基本要求

（1）实习实验课程前，应充分了解与掌握相关知识点和技术要点，做好知识准备，保障实习实验的质量和效率。

（2）实习实验课程中，应认真学习档案信息组织与检索的基本技能，能够独立地完成每次的实习实验作业。

（3）授课以学生实践为主，以老师指导为辅。能够在老师引导下解决实习实验中出现的问题，加强对重、难点内容的训练强度。

（4）实习实验课程后，按照规范格式，认真撰写实验报告。

（5）能够将所学的信息技术类课程和本课程内容灵活贯通，解决档案信息组织和检索中的问题。

1.3　实 习 内 容

实习的主要内容包括：依据档案行业标准《档案著录规则》(DA/T18—1999）的基本要求，进行档案著录；熟悉《中国档案机读目录格式》和电子档案著录与分类方法；依据《中国档案分类法》进行档案分类标引，掌握复分、仿分的技术要点；依据《中国档案主题词表》进行档案主题标引，掌握叙词组配规则；编制案卷目录、档案指南等档案基本检索工具；应用元数据抽取软件自动抽取电子档案元数据；对国内外具有代表性的档案网站信息检索系统进行分析与评价。具体包括：

（1）实习一：档案著录。

由授课老师讲解《档案著录规则》（DA/T18—1999）的基本内容。学生应掌握文件级和案卷级档案的著录项目、标识符号、著录格式、著录细则、著录级次等。

（2）实习二：档案机读目录格式。

由授课老师讲解《中国档案机读目录格式》（GB/T20163—2006）的基本内容。学生应掌握中国档案机读目录格式的框架格式、执行格式、符号规范等。

（3）实习三：电子档案著录。

由授课老师讲解电子档案著录标准 EAD 的相关知识。学生应掌握 EAD 的标准构成、基本元素及属性、档案描述与编码细则等。

（4）实习四：《中国档案分类法》及档案分类标引。

由授课老师讲解《中国档案分类法》的体例结构和使用方法。学生应掌握以下几种分类标引方法：①主题分析与归类；②类目复分；③类目仿分；④冒号组配编号法。对企业档案的分类与编目作相关了解。

（5）实习五：《中国档案主题词表》及档案主题标引。

由授课老师讲解《中国档案主题词表》的体系结构和使用方法。学生应掌握以下几种主题标引方法：①专指词标引；②组配标引；③靠词标引；④自由词标引。

（6）实习六：《中国分类主题词表》网络版的使用。

了解《中国分类主题词表》网络版的基本功能，完成分类标引实习题若干，体验其分类标引一体化的强大功能，发现其不足。鼓励学生针对档案分类标引一体化策略及其实现途径提出自己的思路。

（7）实习七：档案检索工具的编制。

由授课老师讲解档案检索工具的基础知识。学生应以科怡档案管理软件为平台，进行以下档案检索工具的编制：①卷内文件目录与案卷目录；②专题目录与专题指南；③全宗指南。

（8）实习八：元数据提取工具 Metadata-Extractor 的使用。

由授课老师讲解开源元数据抽取软件 Metadata-Extractor 的相关知识。学生应掌握该软件的安装及使用方法，并对元数据提取结果进行分析。

（9）实习九：档案网站信息检索。

对美国、英国、澳大利亚、中国青岛等国内外具有代表性的档案网站信息检索系统进行学习和使用，掌握其各种检索功能并能根据需要准确、高效地开展档案检索工作。

1.4 课时安排

共 24 学时，每项实习内容需要 2~3 学时。

1.5 实习考核

（1）每项实习或实验完成后，要求学生及时提交实习报告。

（2）考核内容：第一，是否态度端正，提前做好充分的准备工作；第二，是否认真完成每项实习实验作业，遇到问题及时解决；第三，是否能够达到预期的实习实验效果。

（3）考核标准：日常表现（如出勤率、学习态度等）占 15%；实习实验效果（如实习报告质量等）占 40%；课程末考试成绩占 45%。

第2章 档案著录

档案著录，是对档案内容特征和形式特征进行分析、选择和记录的过程。它是揭示和获取档案文献中所含档案信息的重要手段，也是建立档案信息检索系统的基础和前提，决定着检索工具和检索系统的质量。本章以《档案信息检索》教材和相关教材或标准为基础，对传统的手工档案著录、档案机读目录编制和电子档案著录这三项实习内容进行讲解，以提高学生的档案著录综合水平。

2.1 实习目的

（1）在学习《档案信息检索》教材的基础上，掌握档案著录、档案机读目录格式以及电子档案著录标准的基本知识。

（2）通过相关的实习和实验，使学生得以动手操作，锻炼档案著录的基本技能，最终能够独立开展档案著录、档案机读目录的编制以及电子档案的著录。

2.2 实习内容

（1）学习《档案著录规则》的基本内容，掌握文件级和案卷级的档案著录格式、著录细则、著录级次等内容。在此基础上，完成相应的档案著录实习题。

（2）学习《中国档案机读目录格式》的基本内容，掌握中国档案机读目录框架格式、执行格式、符号规范。在此基础上，能够独立编制档案机读目录。

(3) 学习电子档案著录标准EAD的相关知识，熟悉EAD的标准构成、主要元素及其属性、档案描述与编码标准。在此基础上，能够独立完成电子档案著录工作。

2.3 档案著录格式及规则

2.3.1 实习目的

明确档案著录的含义及作用，学习《档案著录规则》，熟悉文件级和案卷级的档案著录项目、著录格式、标识符号、著录细则、著录级次等内容，掌握档案著录的基本方法和特点，以便准确客观地揭示档案的形式特征和内容特征。

2.3.2 实习内容

本节主要学习《档案信息检索》第4章“档案著录”的第一至第三节内容，并由授课老师讲解《档案著录规则》(DA/T18—1999) 的基本知识。学生应系统掌握文件级和案卷级档案的著录项目、标识符号、著录格式、著录细则、著录级次等。在此基础上，完成相应的实习题，疑难之处由老师解答。

2.3.3 实习操作指导

2.3.3.1 明确著录项目及标识符号

著录项目是揭示档案内容特征和形式特征的记录事项。《档案著录规则》根据各类型档案著录的特点，将著录项目规定为七大项，下设若干小项。①档案著录的第一步是充分分析著录对象，从被著录档案本身或其他相关资料中选取有效的著录信息，明确需要著录的具体项目及其标识符号。

2.3.3.2 正确应用著录格式

著录格式是构成条目的各个著录项目在载体上的排列顺序及其表达方

① 肖秋会．档案信息检索［M］．武汉：武汉大学出版社，2011：78.

式。①《档案著录规则》规定了段落符号式（见图 2-1）和表格式两种条目格式。段落符号式将著录项目划分为四个段落，各项目之间用特定的标识符号区分开来。表格式是将著录项目名称及填写位置印刷成表格。

分类号		档案馆代号
档号	电子文档号	缩微号

正题名=并列题名：副题名及说明题名文字：文件编号/责任者+附件．—稿本：文种．—密级：保管期限．—时间．—载体类型：数量及单位：规格．—附注

　　提要

主题词或关键词

图 2-1　档案著录段落符号式条目格式

段落符号式条目著录格式说明（实例见图 2-2、图 2-3）：

（1）段落符号式条目格式将著录项目划分为四个段落。第一段落中分类号、档号分别置于条目左上角第一、二行，档案馆代号、微缩号分别置于条目右上角第一、二行，电子文档号置于第二行的中间位置。第二段落从第三行与档号齐头处依次为著录题名与责任说明项、稿本与文种项、密级与保管期限项、时间项、载体形态项、附注项，回行时，齐头著录。第三段落另起一行并空两格著录提要，回行时与第一、二段落齐头。第四段落另起一行齐头著录主题词或关键词，各词之间空一个汉字的距离。

（2）实际工作中使用表格式条目格式时，其著录项目应与段落符号式相同，排列顺序可参照段落符号式。

（3）无论著录对象为单份文件、单个案卷或是一组文件或一组案卷，均按此格式著录。

（4）著录条目的形式为卡片式时，卡片尺寸一般为 12.5cm×7.5cm，著录时卡片四周均应留 1 cm 空隙，如卡片正面著录不完，可接背面连续著录。

① 肖秋会．档案信息检索［M］．武汉：武汉大学出版社，2011：79.

A712	411001

4-1-1994-42

巨人之声：邓小平原始讲话录音：新出音管字［1994］046号；ISRC CN-F27-93-370-00/A·D/中央档案馆（编辑）；深圳市先科娱乐传播有限公司（出品）［等］.—珍藏版.—公开：永久.—1994□□□□.—录音磁带：6盒：60min.

张景堂（总编辑）；沈正乐，叶大鹰（总监制）

同内容小册子1本，依《邓小平文选》第三卷排印

播放时间238′32″

本录音带包括邓小平在国庆35周年庆祝典礼、全国科学大会、中共中央工作会议、中共理论工作务虚会、全国政协五届二次会议、中国文学艺术工作者第四次代表大会、中共十二大、中顾委第二次全体会议、全国科技工作会议、中共全国代表会议上的讲话。

邓小平讲话　中共代表会议　科技工作　文艺工作　理论工作

图2-2　档案著录实例（以文件为对象的著录条目）

TB552［12］+SA321［12］	412403

2-4-31-12

天津市污染气象要素的研究＝Research of the Pollution Meteorological Element in Tianjin/孙奕敏（天津市气象科研所副研究员）；王长有，铁学熙（天津市气象科研所助理研究员）［等］.—正本.—永久.—19821105-19851031.—8卷.—责任者还有边海；李檬；陈英；刘学军.—19881011获天津市科技进步二等奖

通过大气边界层中的湍流与气象特征来研究大气污染物质的输送和扩散稀释规律，为大气污染的预报提供了科学依据。本课题为“六五”期间国家攻关项目“天津市城市生态系统与污染综合防治研究”课题中所属的大气专题项目。

大气污染　气象要素　大气边界层　天津

图2-3　档案著录实例（以案卷为对象的著录条目）

2.3.3.3　掌握著录规则

（1）题名与责任说明项。

①题名。题名包括正题名、并列题名、副题名及说明题名文字。

正题名一般指单份文件文首的题目和案卷封面上的题目，照原文著录。值得注意的是：第一，单份文件没有题名时，依据其内容拟写题名，并加“［］”。第二，单份文件的题名不能揭示内容时，原题名照录，并根据其内容

另拟题名附后，加“［］”。例如：“通知［共青团中央关于纪念一二·九的通知］”。第三，单份文件的题名过于冗长时，在不丢失重要信息和损伤原意的情况下，可删去冗余部分，节略内容用“…”表示。第四，案卷题名不能揭示案卷内容，或题名过于冗长时，一般应重新拟写，将原题名修改好后再著录。

并列题名是以第二种语言文字书写的、与正题名对照并列的题名，必要时应与正题名一并著录，其前加“=”。例如：“天津市污染气象要素的研究=Research of the Pollution Meteorological Element in Tianjin”。

需要著录副题名及说明题名文字时，照原文著录，其前加“:”。例如：“国家机关公文格式：中华人民共和国国家标准”。

文件编号照原文字符号抄录，其前加“:”。例如：“：中发［1980］16号”。联合发文或档案上有多个文件编号时，一般只著录一个文件编号，但立档单位的文件编号必须著录。若需著录多个文件编号，中间用“;”隔开。

②责任说明。责任说明项著录责任者，必要时著录其职责或身份（职务、职称等）。著录时应注意：

a. 当责任者只有一个时，照原文著录，其前加“/”。

b. 当责任者有多个时，著录列居首位的责任者。立档单位本身是责任者的必须著录，其余视需要著录。被省略的责任者用“［等］”表示。第一个责任者之前加“/”，责任者之间以“;”相隔，例如：“/国家计委；国家科委；国家档案局”。多个责任者具有同一职责或身份又必须著录时，可将职责或身份置于最末一个责任者后的“（）”中，责任者之间以“,”相隔，例如：“舒适，项堃，上官云珠（主演）”。同一责任者有多个职责或身份又必须著录时，可将多个职责或身份置于责任者后的“（）”中，职责或身份之间以“,”相隔，例如：“/徐昌霖（编剧，导演）；陈歌辛（作曲）”。

c. 机关团体责任者必须著录全称或不发生误解的通用简称。例如：“中华人民共和国外交部”简称“外交部”，不应简称为“中央”“本部”；“河北省人民政治协商会议”简称“河北省政协”，不应简称为“省政协”。

d. 历史政权机关团体责任者，著录时其前应冠以朝代或政权名称，并加“（）”。例如：“/（清）户部”，“/（民国）教育部”。

e. 个人责任者一般只著录姓名，必要时在姓名后著录职务、职称或其他职责，并加“（）”。例如：“/陈毅（外交部长）”。文件所署个人责任者有多种职务时，只著录与形成文件相应的职务。例如：由毛泽东签署的中共中央文件，责任者著录为“/毛泽东（中共中央主席）”。

f. 清代及其以前的个人责任者应冠以朝代名称，并加“（）”。例如：“/（清）张之洞”。

g. 著录少数民族个人责任者时，应依照该民族的署名习惯著录。

h. 著录外国责任者时，姓名前应著录各历史时期易于识别的国名简称，其后著录统一的中文姓氏译名。必要时著录姓氏原文和名的缩写。国别、姓氏原文和名的缩写均加“（）”。例如：“/（美）林肯（Abraham Lincoln）”。

i. 文件所署责任者为别名、笔名时，均照原文著录，但应将其真实名称附后，并加“（）”。例如：“/老舍（舒庆春）”。

j. 未署责任者的文件，应著录根据其内容、形式特征考证出的责任者，并加“［］”；考证无结果时，以三个“□□□”代之。

文件责任者不完整时，应照原文著录，将考证出的完整责任者附后，并加“［］”。例如：“/毛［毛泽东］”。

文件责任者有误，仍照原文著录，但应考证出真实责任者附后，并加“［］”。例如：“/陈东［陈车］”。

考证出的责任者根据不足时，在其后加“?”，一并著录于“［］”内。例如：“/［张之洞?］”。

③附件。著录附件时只著录附件题名，其前冠“+”。文件正文后有多个附件时，应逐一著录各附件题名，各附件题名前均冠以“+”。如附件题名过长，也可简略，其节略内容用“…”表示，自拟附件题名加“［］”。例如：“北京市人民政府+国务院通知+国家教委…报告+［市计委、市高教局、市人事局实施意见］”。若附件题名具有独立检索意义时，亦可另行著录条目，但应在附注项中加以说明。

（2）稿本与文种项。

稿本项前加“.—”。例如：“.—副本”。

文种项前加“:”。例如：“：通知”。

（3）密级与保管期限项。

密级按《文献保密等级代码》（GB/T7156—1987）第4章文献保管等级代码表划分为6个级别：公开级、国内级、内部级、秘密级、机密级和绝密级。著录时一般按文件形成时所定密级著录，对已升、降、解密的文件，应著录新的密级，公开级、国内级可不著录。密级前加“.—”。

保管期限一般按案卷组成时所定保管期限著录，其前加“:”。若已更改，应著录新的保管期限。

（4）时间项。

视不同著录对象，时间项分为文件形成时间、卷内文件起止时间等，其前均加“.—”。对于单份文件，著录文件形成时间；对于一组文件或一卷、一组案卷，著录文件起止时间，其间用“-”连接。时间项的著录细则是：

①文件形成时间：一般公私文书、信札为发文时间；决议、决定、命令、法令、规程、规范、标准、条例等法规性文件为通过或发布时间；条约、合同、协议为签署时间；技术评审证书、技术鉴定证书、转产证书为通过时间；获奖证书、发明证书、专利证书为颁发时间；科研试验报告、学术论文为发表时间；工程施工图、产品加工图为设计时间；竣工图为绘制时间；原始试验记录、测定检验数据为记录时间。

②时间项一律用8位阿拉伯数字表示，第1~4位数表示年，第5~6位数表示月，第7~8位数表示日。例如：“.—19810824”。

③历史档案中的朝代纪年、农历、地支代月、韵目代日，应照原文著录，同时将换算好的公元纪年附后，并加“（）”。例如：“.—明万历二十八年2月11日（1600321）”。

④没有形成时间的文件，应根据其内容、形式特征等考证出形成时间后著录，并加“[]”。例如：“.—[19520110]”。

⑤文件时间不完整或部分时间字迹不清时，仍著录原时间，原时间缺少或字迹不清部分以“□”补之，再将考证出的时间附后，并加“[]”。例如：“.—1945□□□□[19450815]”。

⑥文件时间记载有误或有疑义时，仍照原文著录，再将考证出的时间附后，并加“[]”。例如：“.—19451005[19450105]”。

⑦文件形成时间考证不出时，著录为“.—□□□□□□□□”，亦可著录文件上的收文时间、审核时间、印发时间等其他时间，但应在附注项中说明。

⑧考证出的时间根据不足时，在其后加“?”，著录于“[]”内。例如：“.—□□□□1211[19461211?]”。

⑨著录起止日期时，无论是本年度或跨年度都要完整著录，不能省略年度，其间用“-”连接。例如：“.—19590112-19591012”。

（5）载体形态项。

载体形态项著录档案的载体类型及档案载体的物质形态特征，包括载体类型、数量及单位、规格三个小项。

①档案的载体类型据实著录，其前加“.—”，以纸张为载体的档案一般不予著录。

②载体数量用阿拉伯数字，单位用档案物质形态的统计单位进行著录，如“页”“卷”“册”“张”“片”“盒”“米”等。著录时其前加“:”。例如：“. —简牍：3片”。

③载体规格指档案载体的尺寸及型号等，著录时其前加“:”。例如：“. —缩微平片：2张：105 mm×148mm”。

(6) 附注与提要项。

①附注。附注是著录时需要解释和补充的事项，依各项目的顺序著录。项目之外需解释和补充的列在其后。每条附注间均以“. —”分隔。若每一条附注都分段著录，则可省略该标识符。

各著录项目需要注明的事项有：

a. 题名附注：注明同一文件的不同题名或其他称谓。例如：《中共中央关于加快工业发展若干问题的决定》一文，在附注项中注明“. —又称“工业三十条”。

b. 责任者附注：注明考证出责任者的依据，以及责任者项中未著录责任者的数目或名称。

c. 时间附注：注明考证出时间的依据。若著录内容非文件形成时间，应注明为何种时间。例如：“. —时间为通过鉴定时间”。

d. 载体形态附注：注明载体形态的破损、残缺、变质及字迹退变等情况。例如：“. —教委报告不全；市计委、市高、教局、市、人事局实施意见全无”。

著录项目以外需要注明的事项有：

a. 被著录文件有不同稿本者应予注明。

b. 被著录文件另有其他载体形式者应予注明。例如：“. —同内容小册子1本，依《邓小平文选》第三卷排印”。

c. 被著录文件的来源为捐赠、购买、交换、复制、寄存等情况时应予注明。例如：“. —此件复制于中央档案馆”。

d. 被著录文件经考证为赝品者应予注明。

e. 与被著录文件关系密切的相关文件应予注明。

f. 除上述附注内容外，需要注明的其他事项。例如：“. —播放时间为238′32″”。

②提要。提要项是对文件和案卷内容的简介，反映其主要内容、重要数据(包括技术参数）等。提要在附注之后另起一段空两个汉字位置著录，一般不超过200字。

(7) 排检与编号项。

排检与编号项是目录排检和档案馆（室）业务注记项。该项包括分类号、档案馆代号、档号、电子文档号、缩微号、主题词或关键词6个小项。

①分类号依据《中国档案分类法》和《档案分类标引规则》(GB/T15418—2009) 的有关规定著录，置于条目左上角第一行。

②档案馆代号依据《编制全国档案馆名称代码实施细则》赋予的代码著录，置于条目右上角第一行。

③档号著录于条目左上角第二行，与分类号齐头。档号中各号间以“—”相隔。例如：“1—12—46—35”。

④电子文档号是档案馆（室）管理电子文件的一组符号代码，著录于条目第二行的中间位置。

⑤缩微号是档案馆（室）赋予档案缩微制品的编号，著录于条目右上角第二行，与档案馆代码齐头。

⑥主题词参照《中国档案主题词表》《档案主题标引规则》及本专业、本单位的规范化词表进行标引。关键词是取自文件题名或正文的词或词组，用以表达档案主题。主题词或关键词著录于附注与提要项之后，另起一行齐头著录。各词之间空一个汉字位置，一个词或词组不得分作两行书写。

2.3.3.4 实习依据

除教材有关内容外，还应重点使用《档案著录规则》(DA/T18—1999)，参考使用《文献著录总则》(GB/T3792.1—1983)、《档案分类标引规则》(GB/T15418—2009)、《档案主题标引规则》(DA/T19—1999)、《中国档案主题词表》等。

本节实习题

将下列档案按照段落符号式条目格式进行著录。

档案1：

关于召开省招生工作会议的报告

省委宣传部并报省委招生领导小组：

遵照国务院国发（1973）39号文件关于“高等院校招生工作于六月中旬开始，九月初入学”的指示，根据我省招生任务，拟于五月二十日至六月一日召开全省招生工作会议，研究、贯彻国务院批转国务院科教组关于高等学校一九七三年招生工作的意见，落实招生计划，讨论有关问题。参加会议的单位有：武汉市、黄石市、十堰市、各地区（每个地区包括一个县）/各有关局、委、大型厂矿企业及各大专院校招生领导小组成员和干部各一人，共有121人。会议地点请省委安排在招待所或饭店。

妥否？请予批示。

湖北省革委会教育局

一九七三年五月十六日

其他信息：

档号：SZ118—04—0238 保管期限：长期 稿本：正本 数量：2页

主题词：工作会议，报告

档案2：

关于印发《关于违反控制社会集团 购买力规定的处理暂行办法》
的通知（87）控购字第10号

各省，自治区，直辖市即计划单列市计委，经委，财政厅（局），人民银行分行，商委，商业厅（局），公安厅（局），控制社会集团购买力领导小组，办公室，国务院各部委，各直属机构，中直机关事务管理局，全国政协，中国人民解放军总后财务部，中国人民武装警察部队（加发南京市、成都市）：

现将《关于违反控制社会集团购买力规定的处理暂行办法》印发给你们，请按照执行。在执行中有什么问题和改进意见，请随时告诉我们，以便在执行一段时间后再进行补充和修订。

全国控制社会集团购买力办公室

国家计委 国家经委 财政部

中国人民银行 商业部 公安部

一九八七年十一月二十五日

其他信息：

分类号：K—246 档号：5—1—5—3 保管期限：永久 稿本：正本

密级：内部 附件：《关于违反控制社会集团购买力规定的处理暂行办法》 载体形态：纸张；16开；4页

档案3：

湖北省革命委员会教育局文件

鄂革教字（73）第142号

鄂革劳计（73）第174号

关于分配中等师范学校毕业生的通知

黄石、十堰市、各地区革委会教育局、劳动局、神农架林区计划组教育组：

我省中等师范学校一九七二年春季招生二万人，原定初中生学习二年，高中生学习一年。现除已于一九七二年寒假和一九七三年暑假毕业一万二千七百六十三人，尚有七千二百三十五人。确定于一九七四年元月份毕业，现将分配意见和有关事项通知如下

一、为了补充农村普及小学教育所需师资，一九七四年元月的中师毕业生，各地区原则上都分配到农村担任小学教师。

二、毕业生分配工作后，见习期一年，见习期的临时工资三类地区工资标准29.5元，四类地区30.5元。见习期满后，正式评定工资等级，其定级工资，不得超过小学教员八级工资。

附：中师毕业生分配名额表

湖北省革命委员会教育局

湖北省革命委员会劳动局

一九七三年十二月

其他信息：

档号：SZ118-04-0238-022　保管期限：长期　稿本：正本　数量：7页　主题词：毕业生　附件：中师毕业生分配名额表

档案4：

北京市人民政府转发国务院《关于加强企业内部债券管理通知》的通知

京政发［1989］30号

各区、县人民政府，市政府各委、办、局，各总公司：

现将《国务院关于加强企业内部债券管理的通知》转发给你们，并结合我市情况提出以下要求，请一并认真贯彻执行。

一、本市机关、团体、事业单位和非生产性企业一律不准发行内部债

券。未完成购买国家债券任务的生产性企业，也不得发行内部债券。

二、生产性企业内部的有偿集资。应采取发行企业内部债券的形式。

三、生产性企业发行内部债券，必须向市人民银行提出申请，经批准后方可发行。具体审批办法由市人民银行制定。

四、市人民银行要切实加强对企业内部债券的管理，抓紧拟定企业内部债券管理的具体办法，报市政府批准后组织实施。市人民银行、市各专业银行以及市财政、税务、审计部门要加强对企业内部债券的监督，对违反债券管理规定的企业，由市人民银行会同有关部门给予严肃处理。

北京市人民政府

1989年4月17日

其他信息：

档案馆代号：411010　档号：2—53—107—8　保管期限：永久　稿本：副本　密级：内部　附件：国务院关于加强企业内部债券管理的通知　数量：3页

2.4 档案机读目录格式

2.4.1 实习目的

学习《中国档案机读目录格式》（GB/T20163—2006），熟悉中国档案机读目录的框架格式和执行格式，掌握档案机读目录格式的特点和要求，掌握档案机读目录的编制方法，为实现档案信息资源的共享、建立高质量的档案目录数据库奠定基础。

2.4.2 实习内容

本节主要学习《档案信息检索》第4章“档案著录”的第4节内容“计算机档案著录与档案机读目录格式”，并由授课老师讲解《中国档案机读目录格式》（GB/T20163—2006）的基本内容。学生应掌握中国档案机读目录框架格式、执行格式、符号规范。

2.4.3 实习操作指导

2.4.3.1 了解档案机读目录格式的框架结构及符号规范

（1）框架结构。《中国档案机读目录格式》（GB/T20163—2006）参考国际标准《ISO2709 信息与文献信息交换格式》，将框架格式分为 4 个区：头标区、目次区、数据区和记录结束符（见图 2-4)。头标区和目次区的字段长度是固定的，数据区的字段长度是可变的。

头标区	目次区	数据区	记录结束符

图 2-4 档案机读目录逻辑分区

（2）符号规范。《中国档案机读目录格式》中规定的符号主要有：

①字段标识符：用符号“$”表示，作为子字段标识符的第一个符号。

②空格符：用符号“#”表示。

③子字段分隔符：用符号“@”表示，作为完整实例中的字段分隔符。

④记录结束符：用符号“%”表示，作为完整实例中的记录结束符。

⑤“未定义”：表示该位置没有赋值，用空格填充。

⑥系统外字符号：用系统外字符号“=”表示。

⑦非排序字符：即“≠NBS≠”和“≠NBE≠”字符，分别表示“不排序开始”和“不排序结束”，指明这两个排序符号之间的数据是不用于排序的。

2.4.3.2 掌握机读目录各区数据的格式及编制方法

（1）头标区。头标区的记录固定长 24 个字符，从第 0 位起，到第 23 位结束，无字段结束符。

第 0~4 字符位置是记录长度数据元，由 5 个十进制数字组成，空位须填零。

第 5 字符位置是记录状态数据元，代码如下：c=经修改的记录，n=新记录，o=具有较高级别的记录，p=不完整的记录。

第 6~9 字符位置是执行代码数据元。其中，第 6 字符位置是记录类型数据元，代码如下：a=文字档案（非手稿的），b=文字档案（手稿的），c=乐谱档案（非手稿的），d=乐谱档案（手稿的），e=测绘档案（非手稿的），f=测绘档案（手稿的），g=投影和录像档案，i=录音档案（非音乐节目的），j=

录音档案（音乐节目的），k=二维图形档案，l=计算机载体，m=多媒体，v=多种记录类型的组合，z=其他。第7字符位置是记录级别数据元，代码如下：a=文件分析部分级，m=文件级，f=案卷级，s=类别级，c=全宗级。第8字符位置是记录级别关系代码数据元，代码如下：#=记录级别关系未定义，0=无记录级别关系，1=最高级别的记录，2=低于最高级别的记录。第9字符位置是档案控制数据元，代码如下：#=不指定控制类型，表示著录单位是资料；a=档案控制，表示著录单位是档案。

第10字符位置是指示符长度数据元，取固定值“2”。

第11字符位置是子字段标识符长度数据元，取固定值“2”。

第12~16字符位置是数据基地址数据元，表示第一个数据字段相对于记录的起始字符位置，由5位十进制数组成，空位须补零。

第17~19字符位置是记录附加定义数据元。其中，第17字符位置是著录等级数据元，代码如下：#=完全级，表示编制机读目录时，该记录与著录单位实体核对过；1=第一级，表示编制机读目录时，未与著录单位实体核对过；3=第三级，表示该记录为不完整的记录。第18字符位置是著录格式数据元，表示是否采用DA/T18的著录规则进行著录，设代码如下：#=完全采用，i=部分采用，N=未采用。第19字符位置表示未定义，填一位空格“#”。

第20~23字符位置是目次区目次项结构数据元，为每一个字段的目次项的长度和结构提供详细的说明，取固定值“450#”。

（2）目次区。目次区由若干目次项和位于区末的字段分隔符（@）组成，数据区中每个字段在目次区中都对应有一个目录，因此，目次区内目次的项数取决于数据区内字段的数量。每一个目次项的长度为12个字符，前3位是字段标识符（其依据是档案机读目录的执行格式，下文作详述），中间4位表示该数据字段的长度，后5位表示该数据字段的起始位置。

例如：在目次项“001000800000”中，“001”是“记录标识号”的标识符，“0008”表明该字段的长度为8，“00000”表明该字段的起始位置。

（3）数据区。数据区是著录目录数据的区域，由若干数据字段组成，是MARC（机读目录）记录的核心部分。数据区字段设置的依据主要是《档案著录规则》，其结构见图2-5、图2-6。

数　据	字段分隔符（@）

图2-5　档案机读目录数据字段（00~ ）的结构

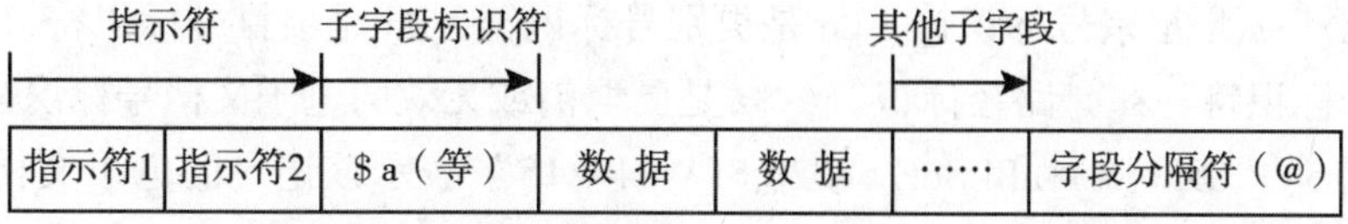

图 2-6　档案机读目录数据字段（01~999）的结构

《中国档案机读目录格式》参考《国际通用机读目录格式》（UNIMARC），将执行格式分为 10 个功能模块：0—标识块，1—编码信息块，2—著录信息块，3—附注块，4—记录连接块，5—相关题名块，6—主题分析块，7—文件与责任块，8—国际使用块，9—国内使用块。具体编制规则如下：

①0—标识块。本块著录标识记录或是记载在实体上的相关标识号码。已定义的字段有：

a. 001—记录标识号。本字段第 0~1 字符位置著录数据库代码，第 2~5 字符位置著录记录编制的年份，第 6~13 字符位置著录流水号。

例 1："001　w119990000139"中，"w1"表示文书档案目录数据库，"1999"表示年份，"0000139"表示该记录是数据库中第 139 条记录。

b. 005—记录最近处理时间。本字段著录记录的最近处理日期和时间。日期格式为 8 位阿拉伯数字，依次著录年月日；时间格式为 hhmmss. s，依次著录时分秒。位数不足时空位填零。

例 2："005　19980901141200. 0"表示该记录的最近处理时间为 1998 年 9 月 1 日 14 时 12 分。

c. 020—档号。$a 是全宗号标识符，$b 是案卷目录号标识符，$c 是类别号标识符，$d 是项目号标识符，$e 是案卷号标识符，$f 是件号标识符，$g 是页（张）号标识符。

例 3："020　$a 旧 J01 $c9 $e271"表示该记录的档号是"旧 J01—9—271"，其中"$a 旧 J01"表示全宗号，"$c9"表示类别号，"$e271"表示案卷号。

d. 035—源记录标识号。本字段由源记录编制机构代码（置于圆括号内）和记录控制号共同构成。$a 是源记录标识号标识符，$z 是已取消或无效的标识号标识符。

例 4："035　##$a（S1）1790001"表示该记录的源记录标识号为"（S1）1790001"，其中源记录编制机构代码为"（S1）"，记录控制号为"1790001"。

e. 093—电子文档号。本字段著录由档案馆（室）管理电子档案的一组符号代码。$a 是全宗号标识符，$c 是类别号标识符，$d 是项目号标识符，$e 是盘带号标识符，$f 是路径标识符，$z 是已取消或无效的电子文档号标识符。

例 5：“093　##$aBl $cE $e020 $f \ 04 \ 15” 表示该记录的电子文档号为 “B1-E-020 \ 04 \ 15”。

f. 096—文件编号。本字段著录档案原件上由制发机关、团体或个人赋予的顺序号。子字段标识符是$a。

例 6：“096　##$a［1955］国资工字第 041 号” 表示该记录的文件编号为 “［1955］国资工字第 041 号”。

g. 098—缩微号。本字段著录由档案馆（室）赋予档案缩微制品的编号。$a 是缩微号标识符，$z 是已取消或无效的缩微号标识符。

例 7：“098　##$a026” 表示该记录的著录单位缩微号为 “026”。

②1—编码信息块。本块著录描述记录或是数据各个方面的定长编码数据元。已定义的字段有：

a. 100—通用处理数据。本字段著录固定长编码数据，字符位置数从 0~35 记数，子字段标识符为$a。

第 0~7 字符位置以 8 位阿拉伯数字著录记录的入档日期。

第 8~16 字符位置著录文件形成日期的类型、文件形成日期 1 和日期 2。代码如下：f=有疑问形成日期，日期 1 和日期 2 应据实填写；g=起讫形成日期，日期 1 和日期 2 填起讫日期；j=详细形成日期，日期 1 填年份，日期 2 填月份和日份；u=未知形成日期，日期 1 和日期 2 填空格。

第 17~19 字符位置著录密级与保管期限，不用的字符位置填空格 “#”。密级代码如下：1=公开级，2=限制级，3=秘密级，4=机密级，5=绝密级，u=不详，v=组合。保管期限代码如下：l=临时，d=定期，c=长期，y=永久，u=不详，v=组合。

第 20 字符位置表示未定义，填一位空格 “#”。

第 21 字符位置著录变更记录代码，0=无变更，1=有变更。

第 22~24 字符位置著录语种代码，采用 GB/T4880 所规定的 3 个字母代码进行著录。

第 25 字符位置著录音译代码，取固定值 “y”。

第 26~29 字符位置著录记录使用的主要字符集，01=GB/T1988—1998 字符集，10=GB2312 字符集，50=UNICODE，91=GBK 汉字内码扩充规范。

第 30~33 字符位置著录记录使用的补充图形字符集，在中文档案机读目录中填空格“#”。

第 34～35 字符位置著录题名文字代码，ba＝拉丁文字，ca＝基里尔文字，da＝日文—文字类型未指定，db＝日文—汉字，dc＝日文—假名，ea＝中文—汉字，fa＝阿拉伯文字，g＝希腊文字，ka＝朝鲜文字，zz＝其他文字。

例 8：“100 ##$a19990923j193511161y#0chiy0110####ea”中，“19990923”表示入档日期，“j19351116”表示详细形成日期为 1935 年 11 月 16 日，“1y#”表示密级为公开，保管期限为永久，“0”表示记录无变更，“chi”表示汉语著录，“y”表示未使用英译表，“0110”表示使用了 GB/T1988-1998 字符集和 GB2312 字符集，“####”表示未使用补充字符集，“ea”表示题名文字为中文汉字。

b. 101—档案语种。本字段设置指示符 1 为翻译指示符，代码为：0＝著录单位为原作，1＝著录单位正文是译文，2＝著录单位正文含有译文。$a 是著录单位正文的语种标识符，$c 是著录单位原作的语种标识符，$d 是著录单位的提要或文摘的语种标识符，$g 是著录单位正题名的语种标识符，$i 是著录单位附件的语种标识符。

例 9：“101 0#$achi $aeng”表明著录单位为原作，其正文语种为汉语和英语混合。

c. 102—原档案形成国别。本字段著录原档案形成国别和地区代码。$a 是原档案形成国别代码标识符，$b 是新中国成立后中国国内地区代码标识符，$c 是民国时期中国国内地区代码标识符，$d 是清代以前（包括清代）中国国内地区代码标识符。原档案形成地区代码应置于国别代码之后，国别代码应大写。

例 10：“102 ##$aCN $b310000”表示该记录著录单位的形成地为中国上海，“CN”表示国别为中国，“310000”表示地区为上海。

d. 119—编码数据字段：档案。本字段著录档案材料的编码数据，字符位置数从 0～12 记数。子字段标识符为$a。

第 0～3 字符位置著录图表代码。a＝图表，b＝地图，c＝肖像、相片，d＝航行图，e＝设计图，f＝图版，g＝乐谱，j＝谱系表，k＝表格，m＝录音资料，v＝多种图表类型组合的档案，y＝无图表，#＝不用的字符位置。图表代码多于 4 个时，按顺序选用前四个；不足 4 个时，所余位置填空“#”；不使用图表代码时用填充符“|”填补。

第 4～7 字符位置著录内容特征代码。a＝目录，c＝索引，d＝文摘或摘要，g＝名录，h＝项目资料，i＝统计资料，l＝技术标准，m＝学位论文或毕业论文，n＝法律和法规，o＝数字表格，p＝技术报告，q＝试卷，r＝调查报告，s＝条约，v=多种内容类型组合的档案，z=其他，#=不用的字符位置。

第8字符位置著录会议代码。0=非会议档案，1=会议档案，v=组合的档案。

第9字符位置著录时期代码。a=中华人民共和国成立后形成的现行档案，b=民国档案，c=明清档案，d=革命历史档案，v=多种时期组合的档案，z=其他时期档案。

第10字符位置著录性质特征代码。a=公务（公共）档案，b=家族档案，c=个人档案，v=多种性质特征组合的档案，z=其他性质特征的档案。

第11字符位置著录类型特征代码。a=文书档案，b=科技档案，c=专门档案，v=多种类型特征组合的档案，z=其他形式档案。

第12字符位置著录传记履历代码。a=自述传记履历档案，b=个人传记履历档案，c=多人传记履历档案，d=档案中含有传记履历信息，v=多种传记类型组合的档案，y=非传记履历档案。

例11："119　##$afk##i###0baay"中，fk##"表示含插图和表格，"i###"表示有统计资料，"0"表示非会议档案，"b"表示民国档案，"a"表示公务档案，"a"表示文书档案，"y"表示非传记履历档案。

e. 122—编码数据字段：档案内容涵盖时期。本字段设置指示符1为日期数量指示符，代码如下：0=单个日期，1=多个不同的日期，2=日期范围。子字段标识符为$a，由最少5位字符（纪元和年份）、最多11位字符（纪元、年、月、日和时）的代码组成。第0字符位置著录纪年标识符，c=公元前，d=公元后；第1~4字符位置著录年份；第5~6字符位置著录月份；第7~8字符位置著录日期；第9~10字符位置著录时间。

例12："122　0#$ad1955"表示该记录著录单位的内容所涵盖的时期为1955年（该文件是一份调查材料，其形成时间是1960年）。

f. 135—编码数据字段：电子档案。本字段著录电子档案的编码数据，字符位置数从0~12记数。子字段标识符为$a。

第0字符位置著录电子档案的信息类型，代码如下：a=数字文件，b=计算机程序，c=图像文件，d=文本文件，e=目录数据，h=声音文件，i=多媒体，l=图形文件，k=影像文件，u=不详，v=多种类型的组合，z=其他。

第1字符位置著录电子档案的载体类型，代码如下：a=盒式磁带，b=计算机盒式磁带中的芯片，c=计算机盒式光盘，f=计算机盒式磁带，h=大型计算机用磁带，m=计算机磁光盘，n=计算机硬盘，o=计算机光盘，r=联机系统，u=不详，z=其他。

第 2 字符位置著录电子档案的颜色，代码如下：a=单色，b=黑白色，c=多色，g=灰色，m=混合色，n=不适用，u=不详，z=其他。

第 3 字符位置著录电子档案的载体尺寸，代码如下：a=3 $\frac{1}{2}$英寸，e=12 英寸，g=4 $\frac{3}{4}$英寸或 12 厘米，i=1 $\frac{1}{8}$×2 $\frac{3}{8}$英寸，j=3 $\frac{7}{8}$×2 $\frac{1}{2}$英寸，n=不适用，0=5 $\frac{1}{4}$英寸，u=不详，v=8 英寸，z=其他。

第 4 字符位置著录电子档案的声音，代码如下：#=无声，a=有声，u=不详。

第 5~7 字符位置著录电子档案图像的数据位深度，代码如下：001~999=准确的数据位深度，mmm=多种图像类型，nnn=不适用，---=不详。

第 8 字符位置著录电子档案文件格式数量，代码如下：a=一种文件格式，m=多种文件格式，u=不详。

第 9 字符位置著录电子档案的质量保证指标，代码如下：a=无，n=不适用，p=有，u=不详。

第 10 字符位置著录电子档案的前件或来源，代码如下：a=由纸张原件复制的文件，b=由缩微品复制的文件，c=由电子文件复制的文件，d=由其他中间件而非缩微制品复制的文件，m=混合，n=不适用，u=不详。

第 11 字符位置著录电子档案的压缩级别，代码如下：a=未压缩，b=无损压缩，d=有损压缩，m=混合，u=不详。

第 12 字符位置著录电子档案重定格式的质量，代码如下：a=检索，表示电子档案的质量可以被检索利用；n=不适用；p=保护，表示电子档案可以保存以有助于对原件的保护；r=替代，表示电子档案可作为原件的替代品；u=不详。

例 13："135 ##$adoag#--aanan"中，"d"表示电子档案信息类型为文本文件，"o"表示电子档案的载体类型为计算机光盘，"a"表示电子档案颜色为单色，"g"表示电子档案的载体尺寸为 12cm，"#"表示电子档案的声音为无声，"---"表示电子档案的图像数据位深度为未知，"a"表示电子档案采用一种文件格式，"a"表示电子档案不包括质量保证指标，"n"表示电子档案没有前件或来源，"a"表示电子档案未被压缩，"n"表示电子档案未采用重定格式。

③2—著录信息块。本块著录《档案著录规则》所规定的著录项目，附注

项和有关代码（如档案馆代号、缩微号等）除外。已定义的字段有：

a. 200—题名与责任说明项。本字段设置指示符 1 为题名有无检索意义指示符，代码如下：0=题名无检索意义，1=题名有检索意义。$a 是正题名标识符，$b 是文种标识符，$d 是并列正题名标识符，$e 是副题名及其他题名信息标识符，$f 是第一责任说明标识符，$g 是其他责任说明标识符，$h 是分件号标识符，$i 是分件名标识符，$z 是并列正题名语种标识符，$9 是正题名汉语拼音标识符。

例 14："200　0#$a 天津市污染气象要素的研究$d Research of the Pollution Meteorological Element in Tianjin $e8 卷$f 孙奕敏$g 王长有，铁学熙"，表明该记录有正题名和并列的英文正题名，其题名无检索意义，文件的第一责任是孙奕敏，其他责任是王长有和铁学熙。

b. 205—稿本项。$a 是稿本说明标识符，$b 是附加稿本说明标识符，$d 是并列稿本说明标识符，$f 是与稿本有关的责任说明标识符，$g 是与稿本有关的次要责任说明标识符。

例 15："205　##$a 正本$b 修订稿"，表明该记录的著录单位，其稿本类型是正本，并补充说明其是"修订稿"。

c. 210—档案形成时间。本字段用 8 位数字著录所著录单位文件的形成时间，子字段标识符为$d。

例 16："210　##$d19430321—19440415"表明该记录著录单位的形成时间是 1943 年 3 月 21 日至 1944 年 4 月 15 日。

d. 215—载体形态项。$a 是载体类型和数量及单位标识符，数量用阿拉伯数字表示，单位采用档案物质形态的统计单位；$c 是其他形态细节标识符；$d是尺寸标识符，用阿拉伯数字表示，一般文件只著录高度，对于不常见的特殊尺寸或者当宽度大于高度时，应先著录其高度后著录其宽度，中间用"×"连接，对于案卷、类别和全宗，可著录其排架长度，单位用 cm、m 表示；$e 是附件标识符。

例 17："215　##$a56 页$d26cm $e1961 年工作纲要"表示该记录的著录单位是一份文件，共 56 页，尺寸为 26cm（16 开），并附有"1961 年工作纲要"附件。

e. 230—档案的组织与整理。本字段著录所著录单位的内部结构、排序及/或实体分类等信息，对于电子档案则著录其类型与范围等信息。子字段标识符为$a。

例 18："230　##$a 计算机数据（4 个文件：800 条记录，5600 字节）"

表示该记录的著录单位是电子档案，其文件类型是数据文件，文件数量范围是“4 个文件：800 条记录，5600 字节”。

④3—附注块。本块著录对著录项目或检索点作进一步阐述的信息，涉及著录单位的形式及其内容等组成的各个方面。已定义的字段有：

300——一般性附注，著录关于著录单位的任何附注或与之相关的记录的附注；

301—标识号附注；

302—编码信息附注，著录与 1—编码信息块字段中编码的数据元有关的附注；

303—著录信息的一般性附注；

304—题名与责任说明附注；

305—稿本附注；

306—出版发行附注；

307—载体形态附注；

310—利用方式附注；

311—连接字段附注；

313—主题检索附注；

314—责任者附注；

317—档案历史沿革附注；

324—档案原件附注；

325—复制件附注；

330—提要或摘要附注；

333—密级与保管期限附注；

336—电子档案类型附注；

337—系统要求细节附注（电子档案），著录电子档案技术细节信息方面的附注；

393—系统外字附注，用符号和文字著录系统外字的形状，并注出其汉语拼音。

具体的著录规则是：在附注中用“（-）”表示减去汉字中的某个部分，用“（→）”表示更换汉字中的某个部分，用“（繁）”表示用该字或部件的繁体，用“左右结构”表示左右部件合并，用“上下结构”表示上下部件合并，用“先上下，后左右结构”表示先上下部件合并，再左右部件合并。对于难以描述的字，注明该字所在字典的页码。

上述子字段的子字段标识符均为$a。

318—档案保护操作附注，著录关于档案保护信息和保护处理方面的附注。$a 是保护操作标识符；$b 是保护操作标识标识符；$c 是保护操作时间标识符；$d 是保护操作间隔标识符；$e 是意外操作标识符；$f 是保护操作的授权标识符，著录对所实施的保护操作进行管理的规章制度的正文或引文；$h 是保护操作责任者标识符；$i 是保护操作方法标识符；$j 是保护操作场所标识符；$k 是保护操作的代理机构标识符；$l 是被保护档案的状态标识符；$n 是被保护档案的篇幅标识符；$o 是被保护档案的单元类型标识符；$p 是不公开附注标识符，著录不能向用户展示的所实施的保护操作方面的附注；$r 是公开附注标识符；$5 是使用本字段的档案馆（室）标识符。

327—目次内容附注，著录关于著录单位目次内容或章节方面的附注。指示符 1 为完整程度指示符，代码如下：0＝目次或章节的附注是不完整的，1＝目次或章节的附注是完整的。指示符 2 为结构指示符，代码如下：#＝非结构式附注，1＝结构式附注。$a 是附注内容标识符，$b、$c、$d、$e、$f、$g、$h、$i 分别是一级至八级目次/章节标识符，$p 是页码标识符，$z 是目次/章节的其他相关信息标识符。

328—学位论文附注，指示符 2 为结构指示符，代码如下：#＝无可用信息，0＝结构式附注，1＝非结构式附注。$a 是附注内容标识符，$b 是论文细节及学位类型标识符，$c 是学位的学科领域标识符，$d 是学位授予时间标识符，$e 是学位授予机构标识符，$t 是论文其他版本的题名标识符，$z 是附注前后的说明文字标识符。

334—奖惩附注，$a 是附注内容标识符，$b 是奖惩事由及名称标识符，$c 是奖惩时间标识符，$d 是奖惩实施机构标识符。

345—直接收集来源附注，$a 是直接收集来源/地址标识符，$d 是直接收集方式标识符，$e 是直接收集时间标识符。

例 19："337　##$本程序采用 FORTRAN 语言编写，50K" 表示该记录所著录的电子档案，其所使用的是 FORTRAN 程序设计语言，存储空间为 50K。

例 20："393　##$a＝［龟（繁）袖珍字海 998 页］（gui）" 表示该记录使用了系统外字，即"龟"的繁体字，难以描述，故注明该字所在字典的页码。

例 21："327　11 $a 上海市警察局统计报表$p5 $z 上海市警察局统计室
11 $a 上海市卫生局统计报表$p10 $z 上海市卫生局统计室
11 $a 上海市地政局统计报表$p23 $z 上海市地政局统计室
11 $a 上海市工程局统计报表$p56 $z 上海市工程局统计室"

表示一个案卷所具有的完整的目次内容，采用结构式附注著录。

⑤4—记录连接块。著录以数字和文字形式对其他记录的标准连接。指示符2为附注指示符，表明该字段的数据是否用于产生附注，代码如下：0=不作附注，1=作附注。子字段标识符位$1。

a. 430—继承、432—替代、440—由……继承、442—由……替代，这几个字段均用于实现“后继文件”与“先前文件”之间的连接。

例22：“200 0#$a决定成立上海市人民法院分党组的通知

430 #0 $12000#$a请示批示上海市人民法院成立分党组问题”

表示“决定成立上海市人民法院分党组的通知”这一档案作为后继文件是继承“请示批示上海市人民法院成立分党组问题”这一先前文件的。

b. 451—同一载体其他稿本，用于著录单位与其同一载体的不同稿本的连接；452—不同载体稿本，用于著录单位与其不同载体的稿本之间的连接。

例23：“200 0#$a全国环境保护工作会议

303 ##$a另有10张10英寸的彩色照片已另行著录

452 #0 $12000#$a全国环境保护工作会议$1215##$a照片：10张”

表示将“全国环境保护工作会议”这一文件和与其不同载体的照片档案连接起来。

c. 461—全宗、462—类别、463—案卷、464—文件，这几个字段著录各条记录在内容上所具有的不同级别关系，从上至下依次设为：全宗级、类别级、案卷级、文件级和文件分析部分级。

例24：“200 0#$a1949年国内各处厂商报价资料

461 #0 $12000#$a晋华贸易行”

表示将“1949年国内各处厂商报价资料”这一档案在类别上连至“晋华贸易行”这一全宗。

d. 488—其他相关文件。本字段用于连接著录单位与4—块中其他字段未提供的，或不能根据源格式确定的特定关系的著录单位的连接。

⑥5—相关题名块。本块著录所著录书稿档案的相关题名，设置指示符1说明著录机构是否用该题名建立检索点，代码如下：1=生成独立的题名检索点，0=无需生成检索点。已定义的字段有：

a. 500—统一题名。著录书稿档案中著录机构选取的统一题名。$a是统一题名标识符，$b是文种标识符，$h是分册号标识符，$i是分册题名标识符，$k是形成日期标识符，$l是形式副标目标识符，$m是语种标识符，$n是其他信息标识符，$q是稿本标识符，$3是规范记录号标识符，$9是统一题名汉语拼音标识符。

例25："200 0#$a新民主主义的政治与新民主主义的文化$e在陕甘宁边区文化协会第一次代表大会上的演讲$f毛泽东

500 10 $a新民主主义论"

表示将"新民主主义论"作为统一题名，并作为检索点。

b. 510—并列正题名。本字段著录书稿档案的并列正题名。$a是并列正题名标识符，$e是其他题名信息标识符，$h是分册号标识符，$i是分册题名标识符，$j是卷次标识符，$n是其他信息标识符，$z是并列正题名语种标识符。

例26："200 1#$a论魏征

510 0#$a On Wei Zheng $zeng"

表示英文题名"On Wei Zheng"是中文题名"论魏征"的并列正题名。

⑦6—主题分析块。本块著录由词语或符号构成的不同系统的主题数据。已定义的字段有：

a. 主题标目。600—主题—人名，著录人名主题。指示符2为名称著录形式指示符，代码如下：0=名称按直序方式著录，1=名称按倒序方式著录。$a是标目要素标识符，著录用作标目要素的个人名称部分；$b是非标目要素的名称部分标识符；$c是名称附加标识符，著录名称的附加部分；$f是日期标识符，著录附属于个人名称的日期；$g是名称首字母的全称形式标识符；$j是形式复分标识符，著录档案的形式、类型；$x是主题复分标识符，著录使人名更专指的主题词；$y是地区复分标识符，著录与人名有关的地名的主题词；$z是年代复分标识符，著录与人名有关的年代的主题词；$2是系统代码标识符，著录主题标目所用的词表系统或主题词表的代码标识；$3是规范记录号标识符，著录标目的规范记录的控制号。

601—主题—机关团体名，著录机关团体名主题。指示符1为会议指示符，代码如下：0=机关团体名，1=会议。指示符2为名称著录形式指示符，代码如下：0=倒置名称，1=地区名称，2=直序名称。$a是标目要素标识符，著录用作标目要素的机关团体名称部分；$b是副标目标识符，著录次级部分名称主题词或按地名著录的团体名称；$c是名称附加或限定词标识符；$d是会议届次标识符；$e是会议地点标识符；$f是会议日期标识符；$g是名称倒置部分标识符；$h是名称其他部分标识符，著录伴随倒置名称的其他名称部分；$j是形式复分标识符；$x是主题复分标识符；$y是地区复分标识符；$z是年代复分标识符；$2是系统代码标识符；$3是规范记录号标识符。

602—主题—家族名，著录家族名主题。$a是标目要素标识符，著录用作标目要素的家族名称部分；$f是日期标识符，著录家族日期；$j是形式复分标识符；$x 是主题复分标识符；$y 是地区复分标识符；$z 是年代复分标识符；$2 是系统代码标识符；$3 是规范记录号标识符。

605—主题—题名，著录题名主题。$a 是书稿题名标识符，$h 是分册号标识符，$i 是分册名标识符，$k 是形成日期标识符，$l 是形式副标目标识符，$m 是语种标识符，$n 是其他题名信息标识符，$q 是稿本（或稿本的形成时间）标识符，$j 是形式复分标识符，$x 是主题复分标识符，$y 是地区复分标识符，$z 是年代复分标识符，$2 是系统代码标识符，$3 是规范记录号标识符。

606—主题—职能，著录用作主题标目的一般主题词或词组主题词。指示符 1 为主题词级别指示符，代码如下：0＝未区分主要词与次要词，1＝主要词，2＝次要词，#＝无信息。$a 是标目要素标识符，著录按所用主题词标引系统规定的词形著录作为主题的语词；$j 是形式复分标识符；$x 是主题复分标识符；$y 是地区复分标识符；$z 是年代复分标识符；$2 是系统代码标识符；$3 是规范记录号标识符。

607—主题—地名，著录地名主题。$a 是标目要素标识符，著录按所用主题词标引系统规定的词形著录作为主题的地名；$j 是形式复分标识符；$x 是主题复分标识符；$y 是地区复分标识符；$z 是年代复分标识符；$2 是系统代码标识符；$3 是规范记录号标识符。

610—非控主题词，著录关于揭示著录单位的主题的语词，是取自主题词表之外的自由词。子字段标识符为$a。

例 27："200 #0 $a 胡适自述

600 #0 $a 胡适$x 履历$2zt"

表示人名主题是"胡适"、主题复分是"履历"，并使用《中国档案主题词表》进行标引。

例 28："200 ##$a 宋要其地产卷

602 ##$a 宋要其$x 地产$y 河南省$z1929 $2zt"

表示该记录著录单位的家族名主题是"宋要其"，涉及主题复分的是"地产"，年代是"1929"，地区是"河南省"，并使用《中国档案主题词表》进行标引。

b. 660—地区代码。本字段著录关于著录单位涵盖的地区代码。$a 是世界地区代码标识符，$b 是新中国成立后国内地区代码标识符，$c 是民国时期国内地区代码标识符，$d 清代以前（包括清代）国内地区代码标识符。

例 29："660 ##$aCN $b820000" 表示文件主题所涵盖的地理区域为中国澳门特别行政区，"CN" 表示国别为中国，"820000" 表示澳门特别行政区。

c. 分类号。

690—《中国图书馆分类法》分类号。$a 是分类号标识符，$v 是分类法版本标识符。

692—《中国科学院图书馆图书分类法》分类号。$a 是分类号标识符，$v 是分类法版本标识符。

694—《中国档案分类法》分类号。$a 是中华人民共和国档案分类表分类号标识符，$b 是新民主主义档案分类表分类号标识符，$c 是民国档案分类表分类号标识符，$d 是清代档案分类表分类号标识符，$v 是分类法版本标识符。

696—其他档案分类法分类号，著录《中国档案分类法》以外的其他档案分类法的分类号。$a 是分类号标识符，$d 是分类法名称标识符，$v 是分类法版本标识符。

例 30："696　##$aC325 $d《医学档案分类表》$v1" 表示案卷的分类号是依据第一版的《医学档案分类表》标引的。

⑧7—文件责任块。本块著录对著录单位负有某种责任的个人或机关团体的名称。已定义的字段有：

a. 个人名称。

701—人名—文件等同责任，著录对文件负有等同责任的个人名称。指示符 2 为名称形式指示符，代码如下：0=名称按直序方式著录，1=名称按倒序方式著录。$a 是标目要素标识符，$b 是名称的其余部分标识符，$c 是名称附加标识符，$f 是日期标识符，$g 是外国人姓名原文标识符，$p 是任职机构/地址标识符，$3 是规范记录号标识符，$4 是关系词标识符。

例 31："701　#0 $a 邓拓$f（1912—1966）" 表示文件的责任者为邓拓，其生卒时间是 1912—1966。

702—人名—文件次要责任，著录对著录单位负有次要责任的个人名称。指示符、子字段设置同 701—字段。

b. 机关团体或会议名称。

711—机关团体名—文件等同责任，著录对著录单位负有等同责任的机关团体名称。指示符 1 为会议指示符，表明是否是会议，代码如下：0=机关团体名，1=会议。指示符 2 为名称形式指示符，代码如下：0=倒置名称，1=地区名称，2=直序名称。$a 是标目要素标识符，$b 是副标目标识符，$c 是名称附加或限定标识符，$d 是会议届次标识符，$e 是会议地点标识符，$f 是会议日期标识符，$g 是名称倒置部分标识符，$h 是名称其他部分标识符，$p 是任职机构/地址标识符，$3 是规范记录号标识符，$4 是关系词标识符。

例 32："711　12 $a 工商贸会议$d 第 3 届$e 南京$f 1957" 表示机关团体名称是 1957 年在南京召开的第三届工商贸会议。

712—机关团体名—文件次要责任，著录对著录单位负有次要责任的机关团体名称。指示符、子字段设置同 711—字段。

c. 家族名称。

721—家族名—文件等同责任，著录对著录单位负有等同责任的家族名。$a 是标目要素标识符，$f 是日期标识符，$3 是规范记录号标识符，$4 是关系词标识符。

722—家族名—文件次要责任，著录对著录单位负有次要责任的家族名称。子字段设置同 721—字段。

⑨8—国际使用块。本块著录国际上一致约定的、不适合著录于 0—至 7—块的字段，主要包括对责任机构的标识。

a. 801—记录来源。本字段著录有关记录来源的说明。指示符 2 为机构功能指示符，代码如下：0 = 原始著录机构，1 = 转录机构，2 = 更改机构，3 = 发行机构。$a 是国家标识符，$b 是机构标识符，$c 是处理日期标识符，$g 是著录规则标识符，$2 是机读目录格式名称标识符。

例 33："801　#2 $aCN $b 空军政治学院信息管理系$c19990430" 表明这是一条更改记录，记录更改的国家为中国，机构为空军政治学院，处理时间为 1999 年 4 月 30 日。

b. 830——一般编目注记。本字段著录有关著录单位是如何著录及由谁著录等方面的信息。$a 是注记文字标识符，$b 是著录人员标识符，$c 是著录时间标识符，$d 是校对人员标识符，$e 是校对时间标识符，$f 是录入人员标识符，$g 是录入时间标识符，时间均著录为 CCYYMMDD。

例 34："830　##$b 王真$c19993201 $d 沈觉堂$e19991202" 表明该记录由王真著录，著录时间是 1999 年 12 月 1 日，由沈觉堂校对，校对时间是 1999 年 12 月 2 日。

c. 856—电子档案地址与检索。本字段著录有关著录单位所需检索的电子档案的信息。指示符 1 为检索方法指示符，代码如下：# = 无提供信息，0 = 电子邮件，1 = 文件传输协议，2 = 远程登录，3 = 拨号上网，4 = 超文本传输协议，7 = 子字段。$a 是主机名标识符；$b 是检索号标识符；$c 是压缩信息标识符；$d 是路径标识符；$e 是最近一次检索的日期和时间标识符；$f 是电子文档名标识符；$

h是用户名标识符；$i是指令标识符；$j是位/秒标识符；$k是口令标识符；$1是登录/注册标识符；$m是检索帮助连接标识符，著录主机上的电子资源的有关联系信息；$n是子字段$a中的主机地址名标识符；$o是操作系统标识符；$p是端口标识符；$q是电子文件格式类型标识符；$r是设置标识符，包括数据位数、停位数、奇偶校验；$s是文件大小标识符，著录电子文件大小，用8位字节表示；$t是终端仿真标识符；$u是统一资源地址标识符；$v是有效检索时间标识符；$w是记录控制号标识符；$x是非公共附注标识符；$y是检索方法标识符；$z是公开说明标识符；$2是链接文本标识符。

例35："200 ##$a中国科学院高级访问学者申请表

856 4#$uhttp：//www. caspenet. cn/pdicy/pd3003_1. ftp $qtext/rtf"

表示"中国科学院高级访问学者申请表"这份电子档案，其超文本传输协议的定位地址是"http：//www. caspenet. cn/pdicy/pd3003_1. ftp"，其格式类型是"文本文件（text）/富文本格式（rtf）"。

d. 886—从源格式不能转换的数据。本字段著录从源格式不能转换至本标准相应的专指字段的数据。指示符1为字段类型指示符，代码如下：0=记录头标，1=变长控制字段，2=变长数据字段，3=其他源格式数据字段。$a是源格式字段标识符标识符，$b是源格式字段指示符和子字段标识符，$z是其他源格式字段标识符，$2是系统代码标识符。

例36："886 #3 $aQWBZ $zc：zjdaj. TXT"表示该记录是从其他源格式记录转换来的，源格式中字段标识符为"QWBZ"，该字段的信息是"c：zjdaj. TXT"。

⑩9—国内使用块。本块著录有关馆藏信息等数据字段。已定义的字段有：

a. 905—馆藏信息。本字段著录有关著录单位的索取信息。$a是档案馆代码标识符，$b是案卷目录起止号标识符，$c是类别起止号标识符，$d是类别数量标识符，$e是案卷起止号标识符，$f是案卷数量标识符，$g是件起止号标识符，$h是件数量标识符，$v是收藏地址号标识符，$z是其他馆藏信息标识符。

例37："905 ##$a411010 $cW20—W50 $d30 $vF0789"表示该全宗收藏的档案馆代码为"411010"，类别的起止号是"W20—W50"，类别数量是"30"，收藏地址号为"F0789"。

（4）记录结束符。记录结束符标识一条档案机读目录的结束，用符号"%"表示。

字段指示符未作特别说明的均表示未定义，填一位空格“#”。

2.4.3.3 实习依据

除教材有关内容外，还应重点使用《档案机读目录格式》(GB/T20163—2006)，参考使用《档案著录规则》(DA/T18)、《国际标准档案著录规则（总则)》(国际档案理事会)、《国际机读目录格式手册：书目格式》(国际图书馆协会和机构联合会）等。

本节实习题

对该条档案机读目录进行分析和解释：

09110nam2a22002891##450#001001300000005001700013020001100030096002600041100004100067101000800108102001500116119001900131122001000150200016100160205000900321210001300331215001400343302002900357333001900386430005600405606003800461606004600499694001300545711003500558801004100593905001200634@ w1199900000117@ 19990429160720. 0@ 34-2804-34@ ##$a[1955]国资工字第 041 号@ ##$a19990429j195508021y## Ochiy0110###$ea@0#$achi@##$aCN $b420000@##$ay####Z###Oaaay@0#$ad1955@0#$a 湖北省人委国家资本主义办公室关于洪湖县七月十日洪工字第 06 号来函所提问题的答复 $e［关于对洪湖县划分个体工业户、农业户的标准的复文］ $f 湖北省人委国家资本主义办公室@ ##$a 正本@ ##$d19550802@ ##$a8 页$d16 开@ ##$a 副题名根据文件内容自拟@ ##$公开级；永久@ #1 $12000#$a 关于洪湖县划分个体工业户、农业户的标准的报告@ 0#$a手工业$x 社会主义改造$y洪湖县$2cat@ 0#$a 资本主义工商业$x 社会主义改造$Y 洪湖县$2cat@ ##$aA9372 $v2@ 01 $a湖北省人委$b 国家资本主义办公室@ #0 $aCN $b 空军政治学院信息管理系$c19990429@ ##$a442001@ %

2.5 电子档案著录

2.5.1 实习目的

学习电子档案著录标准 EAD，了解标准的构成及特点、主要元素及其属性，熟练掌握电子档案的著录方法，以更好地实现数字环境下的档案信息资源开发利用。

2.5.2　实习内容

本节主要由授课老师讲解电子档案著录标准 EAD 的相关知识。学生应系统掌握 EAD 的标准构成、基本元素及属性等，并能够熟练掌握电子档案著录的方法。

2.5.3　实习操作指导

2.5.3.1　学习 EAD 标准的基础知识

（1）EAD 标准的构成。EAD 标准由 4 部分组成：①EAD 文档类型定义（EAD DTD），它对 EAD 内容和结构进行定义，是 EAD 的主要部分；②EAD 标签库（EAD Tag Library），它是一份按字母顺序排列的 EAD 标签名（Tag Names），并对每一标签功能进行简短的描述；③使用指南，它介绍最基本的 EAD 标签的使用；④实施概要，它由 EAD 工作小组制定，针对不同馆藏的图书馆、档案馆提供相关的 EAD 元素组合与合适的标识层次。①

（2）EAD 元素简介。EAD DTD 2002 中共规定了 146 个 EAD 元素。元素是用来描述数据内容的（相当于我们通常理解的“著录项”），元素名（英文缩写）用尖括号括起（也称元素标签），使用的时候成对出现，例如<persname>……</persname>。②

EAD 元素的属性是用来进一步补充说明关于元素其他方面的信息的。属性可以有一个或多个，其格式如下所示：

<[元素][属性]=“[属性值]”>；

或<[元素][属性一]=“[属性值一]”[属性二]=“[属性值二]”>。

2.5.3.2　学习 EAD 标准的主要元素标签

具体包括元素的中文译名、元素定义和基本用法。按照 EAD 元素在著录和被档案用户利用时发挥的不同作用，我们可以将其分为四大类：说明性元素、管理性元素、检索性元素、数字化信息描述元素。

---

① 王萍．电子档案著录标准及其应用［M］．长春：吉林大学出版社，2010：31.
② 王萍．电子档案著录标准及其应用［M］．长春：吉林大学出版社，2010：34.

（1）说明性元素。主要用于描述或标识档案资料对象的内容和外观特征，包括以下几类：

①<filedesc><文件描述> File Description。说明检索工具的书目信息，包括检索工具的作者、题名、副题名、赞助者等，以及版本、出版者、出版丛刊和相关附注。

例1①：

Finding aid encoded by Marsha Maguire，2009

根据EAD标准著录为：

<profiledesc>

<creation>Finding aid encoded by Marsha Maguire，

<date normal="2009">2009

</date></creation>

<langusage encodinganalog="546">Finding aid written in <language langcode="eng"

encodinganalog="041">English</language> and <language langcode="fre" encodinganalog="041">French</language></langusage>

</profiledesc>

②<profiledesc><背景描述> Profile Description。描述检索工具编目版本的相关信息，包括代理人姓名、编目地点、日期及检索工具的主要及次要语言。

例2：

Finding aid encoded by Marsha Maguire，2009

根据EAD标准著录为：

<profiledesc>

<creation>Finding aid encoded by Marsha Maguire，

<date normal="2009">2009

</date></creation>

<langusage encodinganalog="546">Finding aid written in <language langcode="eng"encodinganalog ="041">English</language> and <language langcode="fre"encodinganalog="041">French</language></langusage>

</profiledesc>

① 本节实例均来自美国国会图书馆网站，http：//www.loc.gov/rr/ead/lcp/index.html，2015-10-11。

③<archdesc><档案描述>Archival Description。记录整个 EAD 档案的封装元素，包括描述档案资料的内容、背景和范围，也包括一些有助于资料使用的管理和补充信息。① 属性[层级(LEVEL)]说明资料整体的特性，如[类别(class)]、[收藏(collection)]、[全宗(fonds)]、[案(recordgrp)]、[系列(series)]、[副全宗(subfonds)]、[次群组(subgrp)]、[副系列(subseries)]、[其他层级(otherlevel)]等。[类型(TYPE)]属性能用来对检索工具进行分类。

④<did><描述识别>Descriptive Identification。位于<档案描述>(<archdesc>)及<构件>（<c>）下，其下含有一些描述档案资料的核心信息的次元素。

⑤<scopecontent><范围与内容>Scope and Content。概括描述资料的主题涵盖范围，通常会提及描述资料的形式或编排，并举出具有代表性的重要组织、个人、事件、地点及主题。

⑥<unittitle><单元题名>Title ofthe Unit。描述资料正式的或被给定的名称，可能包含单字、词组、字符或字符组。②

⑦<unitdate><单元日期>Date of the Unit。以文字或数字的形式描述资料产生的年、月、日，可以是单一日期也可以是一段时期范围。属性[一般格式(NORMAL)]用来指出时间的标准数字格式；属性[类型(TYPE)]用来指出<单元日期>代表的是一个时期范围还是一些重要代表日期或是一个单一日期；属性[确定程度(CERTAINTY)]用来指出该日期是由档案管理者提供的还是估计出来的；属性[日期性质(DATECHAR)]用来说明标志的特性，如创作或累积的日期；属性[历法系统(CALENDAR)]的默认值为[格里高利历]，可标记日期所采用的历法；属性[纪年标准(ERA)]的预设值为[公元前(ce)]。

例3：

Title：Carrie Chapman Catt Papers，1848—1950

根据 EAD 标准著录为：

```
<unittitle label="Title"encodinganalog="245 $a">Carrie Chapman Catt Papers
    <unitdate label="Dates" type="inclusive" encodinganalog="245 $f"normal="1848/1950">1848-1950</unitdate>
</unittitle>
```

⑧<origination><来源>Origination。描述资料被移交到某档案馆前，负责创

① 王萍．电子档案著录标准及其应用［M］．长春：吉林大学出版社，2010：86.

② 王萍．电子档案著录标准及其应用［M］．长春：吉林大学出版社，2010：103.

建、累积、保管资料的个人或组织。① 属性[卷标(LABEL)]用来说明档案资料来源的角色，如：[形成者]、[收藏者]或[拍摄者]等。

例4：

Collector：Cushing，Caleb，1800—1879，collector

按照EAD标准著录为：

<origination label="Collector">

<persname encodinganalog="100" role="collector" source="LCNAF">Cushing，Caleb，1800—1879，collector</persname>

</origination>

⑨<physdesc><实体描述>Physical Description。描述资料的外表及构造，例如尺寸、总数量、所占空间、种类、形式、功能、颜色、材质、式样及创作技术或方法。

例5：

Extent：Twenty hours of sound recordings，fourteen linear inches of manuscript materials，approximately 130 linear feet of microfilm，fourteen photographic prints，and one moving image.

按照EAD标准著录为：

<physdesc label="Extent">

<extent encodinganalog="300">Twenty hours of sound recordings，fourteen linear inches of manuscript materials，approximately 130 linear feet of microfilm，fourteen photographic prints，and one moving image.

</extent>

</physdesc>

⑩<langmaterial><语言资料>Language of the Material。说明档案资料所使用的语言。

⑪<language><语言>Language。说明检索工具所使用的语言或沟通系统。对双语或多语的检索工具，可用分开的<语言>（<language>）元素来说明每一种语言，或者只提及最重要的一种。

例6：

Languages：Collection material in English，German，and Italian.

按照EAD标准著录为：

<langmaterial label="Languages"encodinganalog="546">Collection material in

---

① 王萍. 电子档案著录标准及其应用［M］. 长春：吉林大学出版社，2010：97.

<language encodinganalog="041" langcode="eng">English，</language>
<language encodinganalog="041" langcode="ger">German，</language>
and<language encodinganalog="041" langcode="ita">Italian. </language>
</langmaterial>

⑫<langusage><使用语言>Language Usage。描述检索工具里的语言、次语言及方言，也可以进一步地用<使用语言>下的次级元素<语言>（<language>）来详细说明。

⑬<abstract><摘要>Abstract。是对于数据的简短概述，主要用于标识创作者的小传或简史，也可用于标识档案单元或其构件的范围、内容、编排和其他可描述细节。

例7：

Abstract：The Leadership Conference on Civil Rights，a national association of civil rights organizations，was founded 1949—1950 by Roy Wilkins（chairman），A. Philip Randolph，and Arnold Aronson. The records include correspondence，memoranda，minutes，notes of meetings，position papers，reports，financial records，congressional testimony，clippings，printed material，and other records documenting efforts by the organization to lobby for and monitor enforcement of civil rights legislation at the national level.

按照EAD标准著录为：

```
<abstract label="Abstract" encodinganalog="520 $a">
    The Leadership Conference on Civil Rights，a national association of civil rights organizations，was founded 1949—1950 by Roy Wilkins（chairman），A. Philip Randolph，and Arnold Aronson. The records include correspondence，memoranda，minutes，notes of meetings，position papers，reports，financial records，congressional testimony，clippings，printed material，and other records documenting efforts by the organization to lobby for an monitor enfor cement of civil rights legislation at the national level.
</abstract>
```

⑭<author><作者>Author。负责编辑检索工具内容的机构或个人的名称，可能是一段简短的说明以指出其负责的内容，例如：档案学者、藏品处理者或记录管理者。①

① 王萍．电子档案著录标准及其应用［M］．长春：吉林大学出版社，2010：87.

⑮<titleproper><正题名>Tille Proper of the Finding Aid。描述检索工具或检索工具系列的名称。

⑯<titlestmt><题名叙述>Title Statement。用以说明检索工具的名称及对知识内容负责的主体的名称。

⑰<date><日期>Date。记录一些重要的日期，可包含任何格式的年、月、日的日期信息。属性[一般(NORMAL)]定义日期的标准数字形式；属性[类型(TYPE)]用来提供一个较为特定的日期定义，如：[生命周期(life)][繁荣期(flourish)][描述期(depiction)][出版]、[入藏]等；属性[准确度(CERTAINTY)]则可用来定义日期的精确程度，如：[大约]、[接近]或[在……之后]。

例 8：

Latest revision：1999—07

按照 EAD 标准著录为：

<date normal="1999—07">1999 July</date>

⑱<container><装具>Container。指出有关装载描述资料的设备，以及给予这些设备的连续编码。属性[类型(TYPE)]用来表达贮藏装具的种类，基本的属性值包括：[盒装(box)]、[活页夹(folder)]，或[卷筒(reel)]。

例 9：

[No display for empty element]

按照 EAD 标准著录为：

<physloc label="Location" encodinganalog="090" audience="internal"> 0331L </physloc>

⑲<descgrp><描述群组>Description Group。可集合<档案描述><archdesc>下除<描述识别>(<did>)及<附属成分描述>(<dsc>)两元素外所属的元素。

例 10：

Collection Summary

Selected Search Terms

Administrative Information

Biographical Note

Scope and Content Note

Organization and Arrangement of Papers

Container List

Appendix

根据EAD标准著录为：

```
<archdesc level=″collection″ type=″register″ relatedencoding=″MARC21″>
    <did>
        <head>Collection Summary</head>
    </did>
    <controlaccess>
        <head>Selected Search Terms</head>
    </controlaccess>
    <descgrp type=″admininfo″>
        <head>Administrative Information</head>
    </descgrp>
    <bioghist>
        <head>Biographical Note</head>
    </bioghist>
    <scopecontent>
        <head>Scope and Content Note</head>
    </scopecontent>
    <arrangement>
        <head>Organization and Arrangement of Papers</head>
    </arrangement>
    <dsc type=″combined″>
        <head>Container List</head>
    </dsc>
    <descgrp type=″add″>
        <head>Appendix</head>
    </descgrp>
<archdesc>
```

⑳<address><通信方式>Address。说明某人或某物的所在位置或可以联络的地点，如：收藏地的邮寄地址、其他授权出版的参与者的电子邮件或电话号码。①

㉑<addressline><通信列>Address Line。指邮寄地址或其他地址的一行。

① 王萍．电子档案著录标准及其应用［M］．长春：吉林大学出版社，2010：86.

例 11：

Repository：Archive of Folk Culture，American Folklife Center，Library of Congress，Washington，D. C.

按照 EAD 标准著录为：

```
<repository label="Repository" encodinganalog="852">
    <corpname>
        <subarea>Archive of Folk Culture，American Folklife Center</subarea>
        Library of Congress
    </corpname>
    <address>
        <addressline>Washington，D. C. </addressline>
    </address>
</repository>
```

㉒<physloc><实体位置>Physical Location。描述资料收藏地点的信息，如建筑物、房间书库、书架、架子或其他可见地区的名称或编号。①属性[卷标(LABEL)]指出元素的标题；属性[类型(TYPE)]用来识别存放地点的类型；属性[开放限制(AUDIENCE)]可以设定为[内部的(internal)]用来防止收藏位置信息被公开。

㉓<arrangement><档案排列>Arrangement。描述资料归档顺序的相关信息，包括按字母顺序、按年代先后、依地理方位或来源处及其他规则。

㉔<dsc><附属成分描述>Description of Subordinate Components。描述有关信息层级群组的信息。在必备属性[类型(TYPE)]的识别下，附属成分能以若干种不同形式或层次的描述细节来呈现。例如，属性值为[nalyticover]时，定义为系列与副系列的概述。第二个<附属成分描述>其属性值设为[indepth]，用来提供更多资料内容的详列，包括与描述资料相关的装具编号；当系列的描述后紧跟着其内容清单时，则将属性值设为[combined]。属性值[othertype]为不跟随任何上述形式的模块。

㉕<note><附注>Note。提供解释内文的简短陈述，说明其论证的基础或引述其引用语的来源。属性[驱动(ACTUATE)]及[出现方式(SHOW)]可将<附注>设为不显示，除非检索工具的使用者要求呈现。②

① 王萍．电子档案著录标准及其应用［M］．长春：吉林大学出版社，2010：99.

② 王萍．电子档案著录标准及其应用［M］．长春：吉林大学出版社，2010：96.

例12：

Diary，author unknown

A study of this item in 1982 concluded that it came from the Shaker community at Union Village，Ohio，and not Pleasant Hill.

按照EAD标准著录为：

<unittitle encodinganalog="245 $a">Diary，author unknown</unittitle>

<note encodinganalog="500">

<p>A study of this item in 1982 concluded that it came from the Shakercommunity at Union Village，Ohio，and not Pleasant Hill. </p>

</note>

㉖<creation><建立>Creation。描述检索工具EAD编码的相关信息，包括编码人员或机构、编码日期，编码所依据的原始检索工具格式及编码方式等。①

㉗<repository><收藏单位>Repository。描述资料内容检索的机构或代理处。

㉘<c01><第一层>Component（First Level）。描述资料最上层或第一层附属成分。构件可以是无法计数的<构件>(<c>)或可以计数的<第一层>(<c01>)<第二层>(<c02>)等。② 属性[LEVEL]用来辨识<第一层>所包含的层次内容，例如：系列、副系列、卷宗或件。

㉙<c02><第二层>Component（Second Level）。描述资料最上层或第一层附属成分。

例13：

Journal and diaries，1843，1849—1896

按照EAD标准著录为：

<c01>

<c01 level="file">

<did>

<unittitle encodinganalog="245 $a">Journal and diaries，

<unitdateencodinganalog ="245 $f" type ="inclusive" normal ="1843">
1843</unitdate>，<unitdate encodinganalog="245 $f"type="inclusive"

① 王萍．电子档案著录标准及其应用［M］．长春：吉林大学出版社，2010：90.

② 王萍．电子档案著录标准及其应用［M］．长春：吉林大学出版社，2010：88.

normal="1849/1896">1849—1896</unitdate></unittitle>

</did>

</c01>

㉚<unitid><单元识别>ID of the Unit。字母与数字的字符串，用来作为描述资料唯一的参照点或控制号码，如在书目或目录里的货号、取得号、分类号、登录号等。① [收藏单位代码(REPOSITORYCODE)]采用ISO15511的代码来代表收藏被描述资料的机构代码，[国家代码（COUNTRYCODE)]采用ISO3166-1的代码来代表机构所在国家，[识别名称（IDENTIFIER)]须包含唯一的机读名称，类似<单元识别>元素所含文字的值，属性［TYPE］用来说明<单元识别>所出自的系统来源，如：登记入册的系统（accessioning system)、记录群组分类架构、记录保留系统等。

例14：

ID No.：MSS84292

按照EAD标准著录为：

<unitid label="ID No." encodinganalog="590" countrycode="US" repositorycode="DLC"> MSS84292</unitid>

（2）管理性元素。主要指方便档案资料及其检索工具管理的相关性元素②，包括以下几类：

①<bioghist><传记或历史>Biography or History。用以说明档案资料背景的简明的散文或编年表，包括个人或家庭生活的重要信息，或组织本身的发展历史。

②<acquinfo><征集信息>Acquisition Information。指出资料的直接来源，及其被取得的情况，包括：捐赠、转移、购买、存放等。

例15：

Provenance：The papers of Caleb Cushing，lawyer，author，and diplomat，were given to the Library of Congress by his niece，Margaret W. Cushing，1935—1942. Several small additions have been acquired through purchase，gift，and transfer，1906—1995.

按照EAD标准著录为：

---

① 王萍．电子档案著录标准及其应用［M］．长春：吉林大学出版社，2010：102.

② 王萍．电子档案著录标准及其应用［M］．长春：吉林大学出版社，2010：34.

<acqinfo encodinganalog="541">

<head>Provenance</head>

<p>The papers of Caleb Cushing, lawyer, author, and diplomat, were given to the Library of Congress by his niece, Margaret W. Cushing, 1935—1942. Several small additions have been acquired through purchase, gift, and transfer, 1906—1995. </p>

</acqinfo>

③<appraisal><鉴定>Appraisal Information。描述决定档案价值的相关程序，以档案的行政、法律、财政用途，其证据、信息价值，其编排、状况以及和其他记录之间的关系为依据。①

例 16：

Appraisal：

Duplicates and extraneous material have been returned to the donor in accordance with the instrument of gift.

按照 EAD 标准著录为：

<appraisal encodinganalog="583 $a">

<head>Appraisal</head>

<p>Duplicates and extraneous material have been returned to the donor in accordance with the instrument of gift. </p>

</appraisal>

④<userestrict><使用限制>Restrictions On Use。指出核准检索后，影响描述资料使用情况的条件。可说明由收藏单位、捐赠人、法律条文所限制、规定，或特殊程序，或其他有关复制、出版、引用描述资料的其他机构。

例 17：

Copyright Status

The status of copyright in the unpublished writings of John Doe is governed by the Copyright Law of the United States（Title 17，U. S. C.）.

按照 EAD 标准著录为：

<userestrict encodinganalog="540">

<head>Copyright Status</head>

① 王萍．电子档案著录标准及其应用［M］．长春：吉林大学出版社，2010：86.

<p> The status of copyright in the unpublished writings of John Doe is governed by the Copyright Law of the United States (Title 17, U. S. C.). </p>

</userestrict>

⑤<accessrestrict><检索限制>Conditon Governing Access。描述档案资料取用状况，表示由捐赠者、法令规章或收藏单位指定的，或是自然条件造成的检索限制。也可以没有限制。

例 18：

Access：Listening and viewing access to the collection is unrestricted. Listening copies of the recordings are available at the Folklife Reading Room as well as online.

按照 EAD 标准著录为：

<accessrestrict encodinganalog="506">

<head>Access</head>

<p>Listening and viewing access to the collection is unrestricted. Listening copies of the recordings are available at the Folklife Reading Room as well as online. </p>

</accessrestrict>

⑥<altformavail><其他可取得形式>Alternative Form Available。描述档案资料副本的相关信息，包括其他格式的类型（缩微、影印或数字化的复制品）、位置、购置来源等。

例 19：

Electronic Format：Selected items from the papers of the Alexander Graham Bell family are available on the Library of Congress Web site at http：//memory. loc. gov/ammem/bellhtml/. Of the 4，700 items selected for digitization，4，650 items are currently available in digital format via links provided in the container list of this register.

按照 EAD 标准著录为：

<altformavail encodinganalog="530">

<head>Electronic Format：</head>

<p>Selected items from the papers of the Alexander Graham Bell family are available on the Library of Congress Web site at <extrefh ref="&bellhome;" show="new" actuate="onrequest">http：//memory. loc. gov/ammem/bellhtml/ </extref>Ofthe 4，700 items selected for digitization，4，650

items are currently available in digital format via links provided in the container list of this register. </p>

</altformavail>

(3) 检索性元素。是为方便用户检索而设置的元素项，使用封装元素<控制查询目标>(<controlaccess>)为档案用户指出档案资料的关键检索点。①

①<controlaccess><控制查询标目>Control1ed Access Headings。是描述资料的关键检索点，能使用户以权威控制来检索计算机网络上的检索工具。在<档案描述>(<archdesc>)或较大的<构件>(<c>)下，可加上<控制查询标目>的卷标，将主要语词聚集在单一地方，以凸显其重要件。② 属性 [来源(SOURCE)]指出标目所出自或格式规则所根据的词汇表工具；属性 [权威文件编号 (AUTHFILENUMBER)]标识提供标目或相关参照等其他信息的权威文件记录；属性 [角色 [ROLE)]用来指出标目是资料的创建者还是资料的主题，或两者皆是。

②<persname><人名>Personal Name。是个人的专有名词命名，包括个人的名、姓、尊称头衔、其他名称等。[角色 (ROLE)]属性指出该名称与描述资料之间的关系，例如 [编辑者]、[创建者]、[收集者] 或 [主题]。[来源(SOURCE)]属性指出使用名称出自哪个词汇表。[权威文件号 (AUTHFILE-NUMBER)]属性用来连接至权威文件记录，以得到更多与该名称相关的资料或参照，从而得到其他形式的名称。

③<corpname><团体名称>Corporata Name。是一个机构或由一群人组成的实体的专有名词，包括联盟、机构、商业公司、非营利事业、政府、政府所属机构、计划、宗教团体、教会、协商会、运动竞赛、展览会、远征队、义卖会、全体船员等。③属性 [角色 (ROLE)]指出该名称与描述资料之间的关系，例如：[编辑者]、[创建者]、[收集者] 或 [主题]。属性 [编码对应 (ENCODINGANALOG)]指出其他编码系统中，与此元素相符的数据范畴。属性 [来源 (SOURCE)]指出使用名称出自哪个词汇表。属性 [权威文件号 (AUTHFILENUMBER)]用来连接至权威文件记录，以得到更多与该名称相关的资料或参照，从而得到其他形式的名称。

---

① 王萍．电子档案著录标准及其应用 [M]．长春：吉林大学出版社，2010：35.

② 王萍．电子档案著录标准及其应用 [M]．长春：吉林大学出版社，2010：89.

③ 王萍．电子档案著录标准及其应用 [M]．长春：吉林大学出版社，2010：90.

例 20：

Creator：Roosevelt，Kermit，1889—1943

按照 EAD 标准著录为：

<origination label="Creator">

<persname encodinganalog="100" source="LCNAF">Roosevelt，Kermit，1889—1943</persname>

</origination>

④<genreform><类型持征> Genre/Physical Characteristic。是对描述资料内容（题材）风格、技巧的分类命名，或是对信息的顺序、对象功能（形式）、实体特征的总结，是辨识描述资料类型的元素。① 属性［来源（SOURCE）］指出词汇的出处，属性［权威文件号（AUTHFILENUMBER）］用来连接权威文件记录，为其他形式的名称或相关名称得到更多的资料或参照。

⑤<occupation><职业> Occupation。是描述工作、行业、职业、商业、副业等类型的词汇。［来源（SOURCE）］属性指出所使用的名称是出自于哪个词汇表。［权威文件号（AUTHFILENUMBER）］属性用来连接权威文件记录，以得到更多与该职业相关的信息。

⑥<subject><主题> Subject。是指出与描述资料相关，或是描述资料所涵盖主题的专有名词。属性［来源（SOURCE）］指出词汇来源的词汇表。属性［权威文件号（AUTHFILENUMBER）］用来连接权威文件记录，以得到更多关于该主题的信息或其他可相互参照的主题。

例 21：

Key Subjects and Formats

The following terms have been used to index the description of this collection in the Library's online catalog：

Civil rights leaders.

National Association for the Advancement of Colored People.

Portraits.

United States—Race relations.

按照 EAD 标准著录为：

<controlaccess>

① 王萍．电子档案著录标准及其应用［M］．长春：吉林大学出版社，2010：89-95.

```
<head>Key Subjects and Formats</head>
<note>
    <p>The following terms have been used to index the description of this
    collection in the Library's online catalog: </p> </note>
 <subject source="lctgm" encodinganalog="650">Civil rights leaders.
 </subject>
 <corpname source="lcnaf" encodinganalog="610"role="subject">National
 Association for the Advancement of Colored People. </corpname>
 <genreform source="gmgpc" encodinganalog="655">Portraits. </genre-
 form>
 <geogname source="lcsh" encodinganalog="651">United States—Racere-
 lations.
 </geogname>
</controlaccess>
```

（4）数字化信息描述元素。主要用于描述各种档案数字化格式的信息和链接①，包括以下几类：

①<dao><数字档案>Digital Archival Object。属性［属性参照（ENTITY-REF）］及［参考（HREF）］用来连接描述资料的检索工具信息和其电子形式。属性［驱动（ACTUATE）］用来说明对象是否为自动显示（onload）。属性［显示（SHOW）］用来定义资源的连接方式是开启一个新窗口，还是替代原来的连接出现。

②<ead><档案描述编码格式>Encoded Archival Description。该元素是检索工具最外层的封装元素，整个EAD元素集都包含在<ead></ead>中，形成一个EAD文件。其属性［开放限制<AUDIENCE）］的值设一般设为［外部的（external）］，用来呈现所有次元素的数据。

③<head><标题>Heading。用来说明题名或说明文字，也包括列表，使用时总是作为第一个次元素，后面再跟着一个或一个以上的元素。

④<p><段落>Paragraph。<段落>(<p>）是EAD中一个重要的元素，能提供到其他33个元素的连接方式，包括参考与连接元素、格式元素、控制查询标目元素，及一些<描述识别>(<did>）的次元素。

① 王萍．电子档案著录标准及其应用［M］．长春：吉林大学出版社，2010：35.

例 22：

An extensive collection of additional Olmsted Associates records, including graphic material related to this collection, is located at the Frederick Law Olmsted National Historical Site in Brookline, Massachusetts. Records for the period 1870—1910 also are included in the Subject File of the Frederick Law Olmsted Papers in the Library of Congress.

根据 EAD 标准著录为：

<head>Other Repositories</head>

<p>An extensive collection of additional Olmsted Associates

records, including graphic material related to this collection, is

located at the <corpname>Frederick Law Olmsted Historical Site</corpname> in

<geogname>Brookline, Massachusetts</geogname>. Records for the period

1870—1910 also are included in the Subject File of the<archref href=

"http://hdl.loc.gov/loc.mss/eadmss.ms001019" show="new" actuate="onrequest"

origination><persname>Frederick Law Olmsted</persname>

Papers</origination></archref> in the <corpname>Library of Congress

</corpname></p>

⑤<eadheader><EAD 标目> EAD Header。描述检索工具本身的书目性与描述性资料，而不是对档案资料所做的描述。属性［检索工具状态（FINDAID-STATUS）］指出检索工具的信息。属性［国家代码系统（COUNTRYENCODING）］、［日期格式（DATEENCODING）］、［语言代码系统（LANGENCODING）］、［收藏单位代码系统（REPOSITORYENCODING）］及［手稿语言代码系统（SCRIPTENCODING）］描述其他属性采用的特定 ISO 国际标准。

⑥<eadid><EAD 识别> EAD Identifier。属性［维护机构代码（MAINAGENCYCODE）］用以记录维护检索工具的单位（描述资料的单位未必为收藏单位）。属性［国家代码（COUNTRYCODE）］选取规定代码作为维护机构所在国家的代码。除此之外，还可选取［统一资源地址（URL）］、［公用识别码（PUBLICID）］或［识别名称（IDENTIFIER）］属性使<EAD 识别>成为全球唯一值。

例 23：

http://hdl.loc.gov/loc.mss/eadmss.ms001004

根据 EAD 标准著录为：

```
<eadheader>
    < eadid countrycode =" us" mainagencycode =" dlc" identifier =" hdl:
    loc. mss/eadmss. ms001004" encodinganalog =" 856 $ u" > http://
    hdl. loc. gov/loc. mss/eadmss. ms001004</eadid>
</eadheader>
```

第3章 档案分类标引

分类标引，是对档案主题进行分析，并借助《中国档案分类法》，以分类号描述各种档案材料及其信息的过程。其中复分、仿分及组配编号是分类标引的难点问题，也是本书的重点所在。本章以《档案信息检索》教材的第3章和第5章为基础，使用《中国档案分类法（第2版）》（以下简称《中档法》）作为分类标引工具，对上述内容进行讲解，并对企业档案的分类和编目进行教学。

3.1 实习目的

（1）了解并熟悉《中档法》的编制原则、体例结构及其类目设置。

（2）熟练掌握档案分类标引的基本步骤和方法。

（3）掌握复分、仿分和组配编号的技术要点。

（4）能够判断并合理控制档案标引的质量。

（5）结合《中档法》的类目设置及编制原则，了解企业档案分类与编目的要领。

3.2 实习内容

（1）使用《中档法》进行主题分析与归类练习。

（2）使用《中档法》进行类目复分练习。

（3）使用《中档法》进行类目仿分练习。

（4）使用《中档法》进行冒号组配编号法练习。

（5）企业档案的分类与编目。

3.3 《中国档案分类法》及档案分类标引

《中档法》以不同历史时期的国家机构、社会组织，从事社会实践活动的职能分工为基础，并紧密结合档案记述和反映的事物属性关系，建立从总到分、从一般到具体的逻辑体系。它以职能分工为主要分类标准，并结合档案记述及其所反映事物的属性，选择其他辅助分类标准，如行业分类、载体分类、学科分类等。

本节以《中档法》中的《中华人民共和国档案分类表》（以下简称《分类表》）为例进行主要讲解，该《分类表》适用于新中国成立以后形成的档案，由 1 个主表和 5 个复分表（综合复分类、世界各国和地区表、中国地区表、中国民族表、科技档案复分表）组成。主表共设 19 个大类，每一大类分设若干属类，一般设立五六级类目，个别的设七级类目。本节实习包括 4 项内容：主题分析及归类、复分、仿分和冒号组配编号法。

3.3.1 主题分析及归类

档案内容繁杂，对其主题进行合理分析是分类标引的基础所在。单主题档案只记录或阐述一个事物或一个问题，多主题档案则论述两个或两个以上的事物或问题。单主题档案又有单元主题和复合主题之分，复合主题即所谓的多因素主题。

3.3.1.1 单主题档案的分类标引

（1）单元主题。

①凡论述单一的主题，依该主题所属的类目归类。

例 1：对“关于开设党课的通知”进行分类标引。

第一，分析、确定档案主题。在此标题中，仅阐述了党务方面的党课问题。

第二，查阅《中档法》，依其性质或职能归类。

A24	党员教育
241	党课
242	党员训练
…	…

根据分类规则，应归入“党课”，标引结果为“A241 党课”。

②从不同方面或不同角度来论述同一单元主题时，应按分类表中有关集中与分散的要求，归入相应类目。

例 2：对“大豆的生产与购销”进行分类标引。

第一，分析、确定档案主题。在此标题中，主题是对“大豆”的阐述，分别从生产和购销两个方面论述，应将生产和购销分别归入相应分类。

第二，查阅《中档法》，依其性质或职能归类。

MA 2　　农作物业
　21　　农作物业生产
　211　　农作物业生产管理
　…　　…
LA 2　　商品购、销、调拨
　21　　商品购进
　211　　国内购进
　…　　…

根据分类规则，应归入“MA21 农作物业生产”和“LA2 商品购、销、调拨”，标引结果为“MA21+LA2”。

③论述同一事物两个或两个以上的方面时：

a. 若论述的方面属于同一职能同一类别，应归入其上位类。

例 3：对“厅级干部的党风和党纪问题”进行分类标引。

第一，分析、确定档案主题。在此标题中，论述主体为“厅级干部”，围绕其展开了“党风”和“党纪”两方面问题的论述。党风和党纪归属于同一类别，故归入其上位类，即“纪检”。

第二，查阅《中档法》，依其性质或职能归类。

A 3　　纪检
　31　　党风
　311　　党风检查
　312　　党风建设
　32　　党纪检查

321　　　　政治纪检
322　　　　组织、人事纪检
…　　　　…

根据分类规则，应归入“A3 纪检类”。

b. 若论述的方面属于不同职能类别，依档案论述事物的主要方面归类。

例 4：对“关于进一步做好市场管理切实保护消费者权益的通知”进行分类标引。

第一，分析、确定档案主题。在此标题中，“市场管理”与“保护消费者权益”分属于不同的职能类别，但可以判断的是，加强市场管理的目的在于保护消费者的权益，所以该档案论述的主要方面在于“保护消费者权益”，故依照“保护消费者权益”进行归类。

第二，查阅《中档法》，依其性质或职能归类。

JE　　　　工商行政管理
1　　　　公平交易保护与检查
11　　　　制止垄断和不正当竞争
12　　　　检查监督市场交易
14　　　　保护消费者权益
15　　　　查处经济违法违章行为
16　　　　经济合同管理
…　　　　…

根据分类规则，应归入“JE14 保护消费者权益类”。

(2) 复合主题。

①因果关系：按结果一方归类。

例 5：对“由于用药不当造成的医疗事故处理方案”进行分类标引。

第一，分析、确定档案主题。在此标题中，“用药不当”是“因”，“医疗事故处理方案”是“果”。按照结果一方的概念元素进行归类。

第二，查阅《中档法》，依其性质或职能归类。

GF 21116　　　　医院装备
21117　　　　后勤管理

21118　　医疗事故处理
…　　…

根据分类规则，应归入“GF21118 医疗事故处理”。另外，对于互为因果的主题应当做全面标引。

②影响关系：

a. 一般情况下，按受影响一方归类。

例 6：对“‘农家乐’对农村产业结构的影响”进行分类标引。

第一，分析、确定档案主题。在此标题中，“农家乐”作为一种经济发展的形式，对农村产业结构产生了影响，因此应依照“农村产业结构”这一概念因素进行归类。

第二，查阅《中档法》，依其性质或职能归类。

JC 94　　农村经济
941　　农村经济管理
9411　　农村经济发展战略
…　　…
941233　　统分结合双层经营
9413　　农村产业结构
94131　　农村产业结构的形成
…　　…

根据分类规则，应归入“JC9413 农村产业结构”。

b. 论述某一事物在各方面的影响，按发生影响的主题归类。

例 7：对“电子显微镜的发展对细胞工程研究的影响”进行分类标引。

第一，分析、确定档案主题。在此标题中，论述的是“电子显微镜”对“细胞工程”的影响，“细胞工程”为发生影响的主题。依照“细胞工程”进行归类。

第二，查阅《中档法》，依其性质或职能归类。

MA 25961　　基因工程
25962　　细胞工程
259621　　染色体工程

259622　　原生质体
…　　…

根据分类规则，应归入“MA25962 细胞工程”。另外，对于互相影响的主题应做全面标引。

③应用关系：

a. 一般情况下，按应用到的主题归类。

例8：对“计算机在电子工业中的应用”进行分类标引。

第一，分析、确定档案主题。此题含义为“计算机”应用到“电子工业”的领域，因此应依照其应用到的主题“电子工业”进行归类。

第二，查阅《中档法》，依其性质或职能归类。

NK　　电子工业
　11　　电子系统工程
　1111　　军事管理电子系统工程
　1112　　安全管理电子系统工程
　…　　…

根据分类规则，应归入“NK 电子工业”。

b. 综合论述某一主题在各方面的应用情况，按被应用的方面归类。

例9：对“微型计算机在图书情报和档案工作中的应用”进行分类标引。

第一，分析、确定档案主题。此题含义为“微型计算机”这一主题在“图书”“情报”“档案”等多个领域的应用情况，应按照被应用的方面，即“微型计算机”来归类。

NK241114　　通用数字计算机
　24111411　　巨型数字计算机
　24111412　　大型数字计算机
　…　　…
　24111418　　微型数字计算机
　24111499　　其他通用数字计算机
　…　　…

根据分类规则，应归入“NK24111418 微型数字计算机”。

④比较关系：一般按作者所要阐明的主题归类。

例 10：对“无机肥料与有机肥料的比较”进行分类标引。

第一，分析、确定档案主题。虽然题名为“无机肥料与有机肥料的比较”，但重点阐述的是有机肥料的特性，所以应依照主要阐明的主题，即“有机肥料”进行归类。

第二，查阅《中档法》，依其性质或职能归类。

MA2153　　有机肥
　21531　　绿肥
　　215311　　豆科绿肥
　　215312　　非豆科绿肥
　　…　　…

根据分类规则，应归入“MA2153 有机肥”。必要时，也可将被比较的几方分别归类。

3.3.1.2　多主题档案的分类标引

(1) 并列关系主题。

①三个以下的并列主题：应分别给予分类号。

例 11：对“平炉炼钢工艺及设备”进行分类标引。

第一，分析、确定档案主题。此题中“平炉炼钢工艺”和“平炉炼钢设备”是两个并列的主题，应分别给予分类号。

第二，查阅《中档法》，依其性质或职能归类。

NG22　　炼钢
　221　　原料加工
　222　　炼钢生产工艺
　　2221　　供配料
　　2222　　平炉炼钢
　　…　　…

NG742　　炼钢设备
　74211　　原材料供应设备

…… ……
74216 平炉炼钢设备
742161 平炉炉体
…… ……

根据分类规则，应归入“NG2222 平炉炼钢工艺”和“NG74216 平炉炼钢设备”。书写为“NG2222+NG74216”①。

②三个及三个以上的并列主题，若同属于一个上位类，则归入其上位类。

例12：对“关于建造肉类、水果、普通冷藏船”进行分类标引。

第一，分析、确定档案主题。在此标题中，“肉类冷藏船”“水果冷藏船”“普通冷藏船”为并列主题，可以归入其同属的上位类“冷藏船”。

第二，查阅《中档法》，依其性质或职能归类。

NP1323 冷藏船
13231 肉类冷藏船
13232 水果冷藏船
13233 普通冷藏船
… …

根据分类规则，应归入“NP1323 冷藏船”②。

（2）从属关系主题。

①从属关系，即上下位类关系，一般归入上位类。

例13：对“文化统计与文物统计”进行分类标引。

第一，分析、确定档案主题。在此题中，很明显“文物统计”应该从属于“文化统计”，即“文化统计”是“文物统计”的上位类，按照规定，应按上位类进行归类。

第二，查阅《中档法》，依其性质或职能归类。

JD32 文化统计
321 电影统计
322 艺术统计

① 邓绍兴．档案分类［M］．北京：首都师范大学出版社，1998：244.

② 邓绍兴．档案分类［M］．北京：首都师范大学出版社，1998：225.

323　　群众文化统计
324　　出版统计
325　　文物统计
…　　…

根据分类规则，应归入“JD32 文化统计”。

②当两个具有从属关系的主题中重点论述的是较小的主题时，则归入下位类。

例 14：对“音像管理与音像制品进出口管理”进行分类标引。

第一，分析、确定档案主题。在此题中，虽然“音像制品进出口管理”从属于“音像管理”，但重点论述了“音像制品进出口管理”的内容，故归入下位类。

第二，查阅《中档法》，依其性质或职能归类。

GD 3　　音像
　31　　音像管理
　　311　　音像市场管理
　　312　　音像制品进出口管理
　　…　　…

根据分类规则，应归入“GD312 音像制品进出口管理”。

3.3.2 类目复分

《中档法》除了主表以外，还附有两种类型的复分表，即通用复分表和专类（专用）复分表。复分表是对主表中共性类目的集中编制，有利于节省主表的篇幅。复分的使用，可在一定程度上弥补等级列举式分类法单向层级式列举类目的局限性，揭示细小专深、复杂的主题，起到分面组配的功能。

3.3.2.1 复分表的一般使用规则

①复分表的类号不能单独使用，必须与主表中的有关类目结合使用。

②凡主表中注明“依×××表分”的类目，都可依复分表分；主表中未注明“依×××表分”的，一般不使用复分。综合复分表适用于主表中的一切类目，不需要特别注明“依综合复分表分”。

③专类（专用）复分表严格依照注明的范围复分，不得任意扩大。

④使用复分表时，必须做到准确辨类，在主表中选择恰当的类目与类号，然后再选择有关复分号与主类号组配。

⑤主表与复分表中类目的含义相同时，不得再使用复分表。

⑥通用复分表与专类复分表中类目的含义相同时，应使用专类复分表。

⑦复分表的使用应遵循一定的次序，即通用复分表→专用复分表→专类复分表。在使用通用复分表时，若某一类目可以同时用世界各国地区表与中国地区表分，则应先依世界各国和地区表分，再依中国地区表分。

3.3.2.2 通用复分表的使用

通用复分表都附于主表之后，供主表中各大类目进一步细分用。《中档法》中的4个主表都有各自的通用复分表。其中，中华人民共和国档案分类表的通用复分表有5个，分别是综合复分表、世界各国和地区表、中国地区表、中国民族表、科技档案复分表；新民主主义档案分类表的通用复分表只有综合复分表；民国档案分类表的通用复分表有3个，分别是综合复分表、世界各国和地区表、民国行政区表；清代档案分类表的通用复分表有4个，分别是综合复分表、清代行政区划表、中国民族表、世界各国和地区表。以下以中华人民共和国档案分类表的5个通用复分表为例，说明其用法。

(1) 综合复分表。

中华人民共和国综合复分表编制了主表中各类都可能出现的、具有共性区分内容的类目，包括11个方面：

—1 政策、法规、体制
—2 会议
—3 规划、计划、统计、报告
—4 管理
—5 调研
—6 外事
—7 声像制品
—8 出版物
—91 历史
—92 人物
—93 社会团体

综合复分表适用于主表中的任何一级类目，无论是否注明“依综合复分表分”，都可使用该表。该表的复分号为“—”，在使用时直接加在主表分类号码之后即可。

例1：××公路局关于召开春节运输经验交流会的文件材料

主表中缺乏“经验交流会”这一概念，故进行复分。查阅主表和综合复分表的结果如下：

PB 112	客运组织
1121	春节运输
1122	暑期运输
1123	新老兵运输
…	…
(以上主表)	

—2	会议
—21	代表会
—22	委员会议
…	…
—295	经验交流会
…	…
(以上综合复分表)	

根据分类规则，标引结果为 PB1121—295①。

①当某一卷（件）档案材料具有本表两种以上区分标准时，只可选择主要的一种据以复分，不得同时使用两种标准进行复分。

例 2：××市档案馆 2013 年度工作报告和 2014 年工作计划

在此题中，“工作报告”和“工作计划”明显分属于两种不同的区分标准，只能选择其中一类据以复分。查阅主表和综合复分表的结果如下：

GA41	档案事业
411	档案事业管理
412	档案馆工作
…	…
(以上主表)	

—3	规划、计划、统计、报告
—31	规划
—32	计划
—33	统计
—34	报告
…	…
(以上综合复分表)	

根据分类规则，标引结果为 GA41—33 或 GA41—34，而不能为 GA41—33—34。

① 邓绍兴．档案分类［M］．北京：首都师范大学出版社，1998：208.

②主表中已列有专类或已有隐含综合复分表有关内容的类，不得再依综合复分表复分。

例 3：××省 2014 年医药卫生科学研究计划规划

在此题中，应先查阅主表，判断主表中是否涵盖复分表的相关概念，查阅结果如下：

GF9113　科学研究计划管理
　91131　科学研究计划规划
　91132　科学研究攻关项目
　…　…
（以上主表）

—3　规划、计划、统计、报告
　—31　规划
　—32　计划
　—33　统计
　…　…
（以上综合复分表）

根据分类规则，“GF91131”已然包含“规划计划”的含义，故此题标引结果应为 GF91131，而不是 GF91131—32。

③综合复分表与主表中专类复分表有关类目的含义相同时，应依专类复分表复分。

例 4：××大学关于校办产业管理情况的报告

根据题目，查阅结果如下：

GE5　高等教育
　高等职业技术教育入此。
　以下 GE51/55 依下表分。
　…　…
　· 929　其他
　· 93　校办产业管理
　· 94　教学基地管理
　· 95　评估
（→ 专类复分表）
GE51　专科教育
　52　本科教育
　53　研究生班教育
　…　…

根据分类规则，在此主表中已有相应的专类复分表，应依照专类复分表进行复分。故标引结果应为 GE52·93，而不是 GE52—496。

（2）世界各国和地区表。在中华人民共和国档案分类表中，许多类目所涉及的事物都具有地域特点，需要按国家、地区细分。该表依据国家标准《中国周边国家和地区名称代码》（GB/T2659—94），同时，等效采用了国际标准《世界国家和地区名称代码》（ISO3166），采用的号码都是3位数。复分号为“（）”。

例5：习近平主席出访美国的礼宾安排与活动日程

题目中出现了“美国”这一地理因素，需用世界各国和地区表进行复分。查阅结果如下：

E2 国家关系

以下 E21/29 依世界各国和地区表分。

21 建交、终止外交关系

211 建交

… …

22 出访、来访

以下 E221/222 先依世界各国和地区分，再依下表分。

·1 请示、会谈方案、代表团组成

·2 礼宾安排与活动日程

·3 新闻事务

·4 谈话记录、讲话稿

·5 联合公报、新闻公报、感谢电函

·6 通报、总结、简报

·7 其他

谈话参考要点、来往信件、电报入此。

（以上为主表及专类复分表）

642 罗马尼亚 Romania

643 俄罗斯 Russia

646 卢旺达 Rwanda

… …

826 英国 United Kingdom

834 坦桑尼亚 Tanzania

840 美国 United States

850 美属维尔京群岛 United States Virgin Island

… …

（以上为世界各国和地区表）

根据分类规则，在此主表中已有相应的专类复分表，可以依照专类复分表进行复分，同时按照先通用复分，再专类复分的顺序，标引结果为 E2212（840）·2。

例 6：李克强总理出访俄罗斯的谈话记录、讲话稿

题目中出现了“俄罗斯”这一地理因素，故需要用世界各国和地区表进行复分。查阅结果同上题。

根据分类规则，在此主表中已有相应的专类复分表，可以依照专类复分表进行复分，同时按照先通用复分，再专类复分的顺序，标引结果为 E2212（643）·4。

（3）中国地区表。中华人民共和国档案分类表中的中国地区表采用了国家标准《中华人民共和国行政区划代码》（GB/T2260—1995），同时，根据档案的实际情况，增加了中华人民共和国成立初期的行政大区和省。复分号为“［ ］”。

例 7：中国共产党湖北省第×次代表大会文件材料

题目中含有“湖北省”这一地理因素概念，且是关键词不可省略，故用中国地区表对其进行复分。查阅结果如下：

A 12　地方会议 　以下 A121/129 依中国地区表分。→ 121　代表大会 　代表会议入此。 122　党委委员会议 123　党委常委会议 …　… （以上为主表）	4　中南地区 　中南行政区、珠江流域、东南丘陵所属地区档案入此。 41　河南省 4101　郑州市 …　… 42　湖北省 4201　武汉市 …　… （以上为中国地区表）

根据分类规则，标引结果为 A121［42］。

（4）中国民族表。中华人民共和国中国民族表采用《中国各民族名称的罗马字母拼写法和代码》的阿拉伯数字代码，包括汉族和 56 个少数民族类

目。号码为双位数字编号。复分号是“《 》”。

例 8：土家族民族文化概况

此题中含有“土家族”这一民族元素，根据主表注释，可以依中国民族表复分。查阅结果如下：

BE	民族事务
	依中国民族表分。→
1	民族区域自治
2	民族关系
3	民族识别
4	民族地区经济
5	民族文化
6	民族教育
…	…
(以上为主表)	

01	汉族
02	蒙古族
03	回族
…	…
14	白族
15	土家族
16	哈尼族
17	哈萨克族
18	傣族

根据分类规则，标引结果为 BE5《15》。

(5) 科技档案复分表。中华人民共和国档案分类表的科技档案复分表以科技档案的种类为依据，共分为 5 个部分，依次是：科学研究档案（第 1 部分），基本建设档案（第 2 部分），设备、仪器档案（第 3 部分），标准、计量档案（第 4 部分），产品档案（第 5 部分）。每一个部分设二级至三级类目。科技档案复分表的复分号是“< >”。

使用科技档案复分表应注意以下两点：①凡主表中注明“依科技档案复分表分”的类目，均能使用本表复分。使用时，将复分号用“< >”括起来连接于主类号之后。②科技档案复分表由五部分组成，凡表中注明“依科技档案复分表 1 分”，是指使用复分表中的“1 科学研究档案”，并据此复分。

例 9：地震信息标准草案（送审稿）

此题中，“地震信息标准草案（送审稿）”按性质属于科技档案。查阅结果如下：

TC8　标准、计量
　依科技档案复分表4分。→
　81　地震基础标准
　　811　地震科学名词、术语、符号、代码
　　812　地震管理业务
　　813　地震信息标准
　　…　…
（以上为主表）

4　标准、计量档案
　41　标准综合性文件
　　412　标准规划、计划
　　…　…
　42　标准编制报批文件
　　421　标准草案（征求意见稿、送审稿）
　　…　…
（以上为科技档案复分表）

根据分类规则，标引结果为 TC813<421>。

例 10：航道潮汐研究科研课题的鉴定验收材料

此题中“航道潮汐研究科研课题的鉴定验收材料”按性质属于科技档案，查阅结果如下：

PC5　水运科学研究
　依科技档案复分表1分。→
　51　基础理论
　…　…
　54　航道科研
　　541　航道潮汐研究
　　542　航道整治技术
　　…　…
（以上为主表）

1　科学研究档案
　11　科研立项文件材料
　…　…
　13　总结鉴定验收文件材料
　　…　…
　　134　论文与专著
　　135　鉴定验收材料
　　…　…
（以上为科技档案复分表）

根据分类规则，标引结果为 PC541<135>。

3. 3. 2. 3　专类（专用）复分表的使用

专类（专用）复分表同通用复分表一样，只能同主表中的有关类目结合使用，不能单独使用。使用时用专类复分标识符“·”或专用复分标识符“=”将主类号与复分号连接。具体使用规则如下：

①专类（专用）复分表只能在主表限定的范围内使用。主表中已经注明可以使用专类（专用）复分表的类目，才可以使用。

②专类（专用）复分表往往与通用复分表结合使用，复分时，先依通用复分表分，再依专类（专用）复分表分。

例 11：李克强总理访问俄罗斯的礼宾安排与活动日程

以下是主表中 E2 国际关系类插入的一个专类复分表：

E2　国家关系

以下 E21/29 依世界各国和地区表分。

21　建立、终止外交关系

211　建交

…　…

22　出访、来访 →先依通用复分表分，再依专类复分表分。

以下 E221/222 先依世界各国和地区分，再依下表分。

·1 请示、会谈方案、代表团组成

·2 礼宾安排与活动日程 →专类复分表

·3 新闻事务

E221　出访

…　…

2213　政府总理、副总理、国务委员

…　…

根据分类规则，先依通用复分表中的世界和各国地区表进行复分“俄罗斯（643）”，再依照专类复分表进行复分“·2 礼宾安排与活动日程”。标引结果为 E2213（643）·2，不能写成 E2213·2（643）。

③某些类目同时使用专用复分表和专类复分表时，根据注释的指引，先依专用复分表分，再依专类复分表分。

例 12：关于做好水稻“中作 321”夏季田间管理的通知

MA213　农作物栽培
依农作物品种表分，→
再依下表分。
·1　依农时分
·11　春
·12　夏
…　…
2131　粮食作物
21311　稻
213111　水稻
…　…
（以上为主表及专类复分表）

农作物品种表
1　粮食作物
11　水稻
1111　浙辐号
1112　浙 852　浙 733
…　…
1168　莲塘
1169　中作 321、中作 93
1171　中系
…　…

根据分类规则，先依农作物品种表分“1169 中作 321”，再依专类复分表分“·12 夏”，标引结果为 MA213111＝1169·12。

例 13：川剧新编古装戏巴山秀才

GA3112　戏曲
先依艺术表 1 分，→
再依下表分。
·1 传统戏
·2 新编古装戏
历史剧、传说故事剧入此。
312　音乐
3121　声乐
…　…
（以上为主表及专类复分表）

艺术表
1　戏曲
12　华北地区戏曲
…　…
17　西南地区戏曲
1711　川剧
1712　四川曲剧
…　…

根据分类规则，先依照艺术表 1 分“1171 川剧”，再依专类复分表分“·2 新编古装戏”，标引结果为 GA3112=1711·2①。

3.3.3 类目仿分

仿分是指类目表中某些类目未列出下位类的名称，而仅指明“仿××分”的一种复分形式。仿分也是解决共性问题的技术措施之一，一般用于相临和相关类目之间的仿分。只将其中一个类详细列出其下位类，而其他相临或相关类目之下不再罗列相似的下位类，仅注明“仿××分”。例：

GC111 著作权法 　1111 制定与修订程序 　1112 会议记录 　　　按时间顺序排 　1113 起草人员名录 　1114 初稿与历次修改稿 　1115 报审稿 　1116 人大常委会正式公布文本 　1117 著作权法实施条例 　1118 问题解答 　1119 典型案例 112 出版法 　　　仿 GC111 分 → … …	(仿分结果如下) GC112 出版法 　1121 制定与修订程序 　1122 会议记录 　　　按时间顺序排 　1123 起草人员名录 　1124 初稿与历次修改稿 　1125 报审稿 　1126 人大常委会正式公布文本 　1127 著作权法实施条例 　1128 问题解答 　1129 典型案例 … …

① 邓绍兴. 档案分类［M］. 北京：首都师范大学出版社，1998：221.

仿分使用的要点如下：

①仿分应根据主表中有关类目的注释要求进行，凡类目注释指明“仿××分”的类目，均可依“××”类细分；凡未注明“仿××分”的类目，均不宜应用仿分。仿分时将被仿分类目的子目号码附加在仿分类目的类号之后。

例 1：德国出版法典型案例

根据分类规则，依照上表所示查阅结果，“GC112 出版法”依照“GC111 著作权法”进行仿分，标引结果为“GC1129（276）”。

例 2：中共××机关总支

查阅《中档法》结果如下：

A 226　城市基层组织
2261　党委
2262　总支
2263　支部
党小组入此。
227　机关基层组织
仿 A226 分。
228　企业基层组织
工业、交通、商业、城建等入此。
仿 A226 分。
…　…

→

（仿分结果如下）
A 227　机关基层组织
2271　党委
2272　总支
2273　支部
228　企业基层组织
2281　党委
2282　总支
2283　支部
…　…

根据分类规则，依照查阅结果，“A227 机关基层组织”依照“A226 城市基层组织”进行仿分，标引结果为“A2272”。

②主表中某些待仿分类目，同时规定进行通用复分或专类复分，或再仿其他类目分时，应注意相关规定。

例 3：回族职业技术学校学生学历证明

GE8 民族教育

以下 GE81/83 先依中国民族表分，再仿 GE2 专类复分表分。

81 幼儿园

82 小学

83 中学

84 职业技术学校

民族高等职业技术教育入 GE85。

85 高等教育

高等职业技术教育入此。

… …

→ “GE8 民族教育”下注明“以下 GE81/83 先依中国民族表分，再仿 GE2 专类复分表分。”

中国民族表

01 汉族

02 蒙古族

03 回族

04 藏族

05 维吾尔族

… …

53 赫哲族

54 门巴族

55 珞巴族

56 基诺族

（中国民族表）

·1 综合管理

·11 发展规划、计划

… …

·7 学生管理

·71 思想政治工作

·72 学籍管理

·721 学籍簿

·722 成绩

·723 学籍变更

·724 学历证明

补发学历证明入此。

·7241 毕业

… …

（GE2 专类复分表）

根据分类规则，依照查阅结果，先依中国民族表分《03》，再仿 GE2 专类复分表分 · 724，标引结果为 GE84《03》 · 724。

3. 3. 4　冒号组配编号

冒号组配编号法，是指用组配符号“:”将主表中的两个或两个以上类目的号码组合成一个复合类号，用以表达一个更为复杂的主题概念。冒号组配编号法一般用于主表注释中说明可以组配的类目。

在使用冒号组配法时，应注意：凡是主表中已经列出的主题，不得再用冒号组配法组配表达；凡通过主类号的复分、仿分可以表达的主题，不可使用冒号组配法标引。冒号组配编号法具有如下作用与类型：

①交替。也称为选择，可帮助专业档案馆解决专业档案的集中问题，处理某些交叉或有关专门问题的档案，在一定程度上缓解体系分类法类目单线排列而造成的集中与分散的矛盾。

例 1：渔业本科教育

MA42272　运输船
　〔43〕　渔业教育
　　　宜入 GE。如愿在此集中，可采用组配编号法，依本分类表序列排。
　45　　渔业科学研究
　　　依科技档案复分表 1 分。
　　451　渔业科学研究管理
　　…　　…

主表中有相应注释说明可以进行组配的类目，因而可以采用冒号组配编号法。

GE 51 专科教育
52 本科教育
53 研究生班教育
54 硕士研究生教育
55 博士研究生教育
博士后工作入此。
6 成人教育
… …

→ 将 GE52 本科教育和 MA〔43〕渔业教育进行组配，结果为 MA43：GE52 渔业本科教育。

根据分类规则，“GE52 本科教育”和“MA〔43〕渔业教育”进行组配，标引结果为 MA43：GE52。

②用于集中某些技术、学科在各方面应用的档案材料。

例 2：飞机制造监控与检测

NK5248 电子应用技术研究
总论入此。专论在某方面的应用入有关各类。如：纺织生产电子监控与检测入 NV5。如愿在此集中，可用组配编号法，依本分类法顺序排。
5251 电子电路技术研究
525111 放大技术
5251111 增益放大
… …
（以上主表）

→ 主表中有相应注释说明可以进行组配的类目，因而可以采用冒号组配编号法。

NL5　航空科学研究 　51　航空器研究 　52　航空发动机研究 　53　航空仪表研究 　…　… （以上主表）	→ 将 NL5 航空科学研究和 NK5248 电子技术应用研究进行组配，结果为 NK5248：NL5 飞机制造监控与检测。

根据分类规则，“NL5 航空科学研究”和“NK5248 电子技术应用研究”进行组配，结果为 NK5248：NL5。

③用于某些专业或技术的综合性和专业性档案的集中归类。

例 3：建筑科学研究档案

HE　工程和技术科学 工业、交通、邮电通信、城市建设、建筑业的科学研究档案宜入有关各类。如愿在此集中，可采用组配方法。 　11　工程技术基础科学 　12　工程通用技术 　14　材料科学 　…　… （以上主表）	→ 主表中有相应注释说明可以进行组配的类目，因而可以采用冒号组配编号法。

R	城乡建设、建筑业	
1	区域规划、城乡规划	
2	城乡建设与管理	
3	城市勘测与工程勘测	
41	工程设计	
42	建筑工程施工	
5	科学研究	→ 将HE工程和技术科学和R5科学研究（建筑业）进行组配，结果为HE：R5建筑科学研究档案。
7	建筑工程机械设备、器具	
…	…	
（以上主表）		

根据分类规则，将“HE工程和技术科学”和“R5科学研究（建筑业）”进行组配，结果为HE：R5建筑科学研究档案。

④运用概念组配原理，表达一个分类表中未列出的概念。

例4：档案馆防火技术规范

GA4 1	档案事业	
411	档案事业管理	
412	档案馆工作	→ 主表“档案馆工作”中没有关于防火规范的类目，故需要组配。
4121	收集	
…	…	
413	机关档案工作	
414	企、事业档案工作	
415	档案科学研究	
…	…	
（以上主表）		

CC7　消防
　71　消防安全
　　711　消防监督
　　712　消防检查
　　713　防火技术规范　→　将GA41档案事业和CC7消防进行组配，结果为GA412：CC713档案馆防火技术规范。
　　714　火灾事故
　　…　…
（以上主表）

根据分类规则，将GA41档案事业和CC7消防进行组配，结果为GA412：CC713档案馆防火技术规范。

例5：核工业部档案处处长访问美国的档案

NF　核工业
　1　放射性矿产地质
　2　核燃料生产
　3　核武器
　…　…
（以上主表）

GA41　档案事业
　411　档案事业管理
　412　档案馆工作
　　4121　收集
　　…　…
（以上主表）

因为没有直接表达“核工业档案处”的类目，故将“NF核工业”与“GA41档案事业”进行组配。但此条目中包含国家的概念，故继续按照通用复分—专用复分—专类复分的顺序进行复分。

查阅结果如下：

世界各国和地区表	
…	…
834	坦桑尼亚
840	美国
850	美属维尔京群岛
…	…

综合复分表	
—6	外事
—61	人员交流
—62	来华访问、出国访问
—63	出国考察
…	…

根据分类规则，标引结果为 NF：GA41（840）—62。

⑤在同一专业类细分某些类目。

本节实习题

选择合适的方法对下列档案进行分类标引：

1. 中共某党校关于授予李兵、刘绅硕士学位的决定
2. 某县第八届人大代表赴乡、镇视察与调研的文件材料
3. 某市人民政府档案处关于开展档案鉴定工作情况的报告
4. 某市检察院关于档案管理情况的报告
5. 某县人民法院 1996 年行政事务管理工作总结
6. 1985 年武汉大学教学和科研工作统计
7. 湖南省 1955 年农业投资各项事业计划书
8. 1950 年湖北省湖业管理工作总结
9. 国务院关于统一内河航务管理的指示
10. 关于进一步做好市场管理，加强物价检查监督的通知
11. 中国民主同盟 1995 年组织工作总结
12. 某市总工会关于 1996 年五一劳动节召开全市英模会议的通知
13. 某话剧团关于演出外国话剧的宣传材料

14. 某出版社与某印刷厂关于出版纠纷的法院判决书
15. 某广播学院关于播音学研究的开题报告
16. 大气污染对儿童健康的影响调查
17. 化工产品质量管理条例
18. 纺织机械专用电机设备管理办法
19. 农业机械化调查统计报告
20. 财政部关于节约事业费开支的规定
21. 关于甘肃省平凉地区碘缺乏病的统计

3.4 企业档案分类与编目

企业档案是企业在各项活动中形成的全部档案的总和，以科学技术档案为主体，包括计划统计、经营销售、物资供应、财务管理、劳动工资、教育卫生和党、政、工、团工作等方面的档案。①为实现企业档案科学有效的管理，必须依据统一的标准，对其进行适当的分类和编目，从而使得档案管理后续过程中的整理、排架、统计与鉴定工作顺利开展。

3.4.1 企业档案分类的基本原则

《工业企业档案分类试行规则》(以下简称《规则》)指出：工业企业档案的分类原则是以全部档案为对象，依据企业管理职能，结合档案内容及其形成特点，保持档案之间的有机联系，便于科学管理与开发利用。因此，要做企业档案分类工作，必须遵循以下几点原则：

（1）分类对象的全面性原则。企业档案分类对象应覆盖文书档案、科技档案等各个种类，而不应只局限于常用的种类或某几个特殊种类。首先将企业档案看作一个有机整体，再进行下一步统一分类。

（2）分类依据的职能性原则。企业形成的档案最终应服务于企业发展，多数利用者的目的是解决其管理职能分工内的问题，即从问题的角度，而非单纯的时间、机构或文号角度对档案进行查询利用。因此，企业档案分类应坚持以管理职能为主要标准，同时结合档案的内容与形成特点，保证档案所反映事物属性的稳定。

① 国家档案局、国家经委、国家纪委．企业档案管理办法［R］，2009.

（3）类目划分的包容性原则。分类过程中，应保证档案所反映事物之间的有机联系，不应出现人为颠倒、错位及脱节现象。这就要求企业档案的类目划分坚持上位类对下位类的包容，以及上下位类之间的联系。在类目设置和实际操作中均应注意此点。

（4）分类描述的简明性原则。企业档案分类应达到分类操作简单化、查询利用便捷化的基本标准。这就要求企业在类目设置及描述时，遵循简明性原则，避免语言的拉杂与繁琐，保证每条类目都能简洁而又准确地体现所反映事物的属性。

（5）分类应用的灵活性原则。由于企业的性质、规模、归档习惯等各方面存在差异，在类目设置时应充分考虑不同企业的特点，划分类目时留有一定的空间供企业自由掌握。既要考虑到一般企业的情况，又要照顾到特殊大型企业的要求。

3.4.2　企业档案分类的类目设置

3.4.2.1　一级类目设置

《规则》将企业档案分类的一级类目设置为10项，即党群工作类、行政管理类、经营管理类、生产技术管理类、产品类、科学技术研究类、基本建设类、设备仪器类、会计档案类、干部职工档案类，很好地反映出企业的主要职能分工。企业职能大致有两种体现形式，一是企业管理职能，二是企业生产职能。在前述10个类目中，党群工作、行政管理、经营管理、生产技术管理、会计档案和干部职工档案这6项体现了企业的管理职能分工，产品、科学技术研究、基本建设、设备仪器这4项则反映了企业的生产职能分工。

《规则》同时指出，“特大型企业或生产程序特殊的企业，有些档案难以归入上述十大类目时，可根据实际需要增设一级类目”；而对于非工业企业、非生产性企业、规模较小企业及一些所有制不同的企业，由于其生产管理过程相对简化或略有不同，可根据实际情况，在《工业企业档案分类编号规则》的基础上对一级类目进行适当的简化或合并。①

3.4.2.2　二级及以下类目设置

（1）二级及以下类目设置方法。《规则》指出了企业档案分类二级类目及二级以下类目的设置方法，主要有6点：

① 国家档案局三司．企业档案分类与组卷实用参考[M]．海洋出版社，1992：22-27.

①对于党群工作、行政管理、经营管理、生产技术管理类，按问题或组织机构设置；

②对于产品、设备仪器类，按产品和设备仪器种类或型号设置；

③对于科学技术研究类，按课题性质或课题设置；

④对于基本建设类，按工程性质或建筑项目设置；

⑤对于会计档案类，按文件形式（名称）设置；

⑥对于干部职工档案类，按干部、工人分别设置，干部档案类目设置按《干部档案工作条例》有关规定执行。

国家档案局、国家经委和国家计委联合颁布的《企业档案管理办法》中，则将分类设置的方法总结为7点：①按产品型号分类；②按设备型号分类；③按科研课题分类；④按工程项目分类；⑤按专业性质分类；⑥按组织机构分类；⑦按时间分类。

综上，企业档案二级及以下类目的分类方法大致有3种。一是按职能分工及问题进行分类设置，如党群工作、行政管理、经营管理及生产技术4个类目的二级类目可以采取此法进行分类；二是按科技档案的常用分类法进行设置，如产品档案、科研档案、基建工程档案、设备仪器档案可以按照产品型号、科研课题、工程项目、设备仪器类型进行分类；三是一般的分类设置方法，如“按时间分类”等。

（2）二级类目设置。《规则》中规定，“工业企业档案分类二级类目按照企业管理职能和档案特点设置，附表中设置的二级类目是工业企业档案分类的基本二级类目，企业可结合实际需要增设或减少二级类目”，见表3-1。

表3-1　**《工业企业档案分类表》**

一级类目	二级类目	基本范围
党群工作类	党务工作	党委综合性工作、党员代表大会或党委其他有关会议，党委办公室其他事务性工作等
	组织工作	组织建设，整党建党，党员和党员干部管理，党费管理等
	宣传工作	理论教育，各种工作活动宣传，政治思想工作与精神文明建设等
	统战工作	民主党派工作，无党派人士工作，港澳台各民主党派工作，无党派人士工作，港澳台工作，华侨工作，民族事务，宗教事务等

续表

一级类目	二级类目	基本范围
党群工作类	纪检工作	党风治理，党纪检查，案件审理，信访工作等
	工会工作	职工代表大会，职工民主管理，劳动竞赛，劳保福利，女工工作，文化艺术和体育活动等
	共青团工作	组织建设，政治思想教育，团员大会，团员管理，团费管理，青少年工作等
	协会工作	各专业学会、协会工作，各群众团体活动等
行政管理类	行政事务	企业综合性行政事务工作，厂务会议，厂长（经理）办公室工作，文秘工作，机要保密工作等
	保安公卫	社会治安，武装保卫，枪支弹药管理，民兵工作，消防，交通管理，刑事案件审理，人防工作等
	法纪监察	法律事务，政纪监察，违纪案件审理等
	审计工作	各专项审计工作活动等
	人事管理	干部管理，工人招聘、录用、调配工作，企业劳务出口工作等
	教育工作	普通教育，中专和职业教育，高等教育，职工在职培训，幼儿教育等
	医疗卫生	卫生监督与管理，职工防病治病，计划生育工作等
	后勤福利	职工生活福利，食堂，商店，幼儿园，职工住房，企业第三产业等
	外事工作	企业涉外活动
经营管理类	经营决策	企业改革，重大经营战略性决策，企业发展规划，方针目标管理等
	计划工作	企业中、长期计划，年（季）度计划，各项企业中、长期计划，年（季）度计划，各项专业发展计划，全面计划管理工作等
	统计工作	各种统计报表，企业综合性统计分析工作等
	财务管理	资金管理，价格管理，会计管理，资金流通等

续表

一级类目	二级类目	基本范围
经营管理类	物资管理	物资供应，仓库管理，废旧物资回收与修旧利废等
	产品销售	市场分析，用户调查，产品销售，广告宣传，售后服务工作等
	企业管理	企业普查、企业整顿和企业升级，经济责任制管理，企业管理现代化工作等
生产管理类	生产调度	生产组织，调度指挥工作等
	质量管理	企业全面质量管理，产品质量检测和质量控制工作等
	劳动管理	劳动定额、定员，劳动调配，劳动工资，劳动保护等
	能源管理	能源消耗定额管理，节能降耗工作等
	安全管理	安全生产，工伤事故处理，职工安全教育等
	科技管理	新产品开发，科技成果管理，技术引进，技术革新和采用新技术，合理化建议等
	环境保护	环境保护检测与控制，污染治理等
	计量工作	各种计量检测工作
	标准化工作	企业标准化管理工作，各种标准档案
	档案和信息管理	企业档案工作，各类数据管理，电子计算机系统，情报工作，图书资料工作等
产品类	按产品种类或型号设置	同一产品型号内，包含产品从开发、设计、工艺、工装、加工制造、检验、包装、商标广告到产品评优的全过程
科学技术研究类	按课题设置	同一科研项目内，包含课题立项、研究准备、研究试验、总结鉴定、成果报奖、推广应用等项目研究和管理的全过程
基本建设类	按工程项目或建筑项目设置	同一工程项目内包含工程的勘探测绘、设计、施工、竣工验收和工程创优的全过程
设备仪器类	按设备种类或型号设置	同一设备仪器内，含设备购置、安装调试、运行、维护修理和设备管理等全过程

续表

一级类目	二级类目	基 本 范 围
会计档案类	凭证	各种会计凭证
	账簿	各种财务账簿
	报表	各种财务报表
	其他	/
干部职工档案类	干部档案	/
	工人档案	
	离退休职工档案	
	死亡职工档案	

（3）二级以下类目设置。

①党群工作类。

a. 党务工作一般不再设置三级类目，因其已属于综合性工作。

b. 组织工作一般设置组织管理、党员干部管理、整党建设、其他 4 个三级类目。

c. 宣传工作一般设置各种宣传工作活动、政治思想工作和其他 3 个三级类目。

d. 统战工作一般设置民主党派工作、港澳台及华侨工作、民族及宗教事务、其他 4 个三级类目。

e. 纪检工作一般设置党纪检查、信访工作、案件审理、其他 4 个三级类目。

f. 共青团工作一般设置组织建设、团员管理、青少年工作、其他 4 个三级类目。

g. 协会工作一般可不设三级类目，工会工作的三级类目设置参照前文叙述。

②行政管理类。

a. 行政事务一般设置综合行政事务、文秘工作、保密工作、其他 4 个三级类目。

b. 公安保卫一般设置社会治安保卫、刑事案件、武装管理、交通消防、其他5个三级类目。

c. 法纪监察一般设置法律事务、政绩监察、违纪案件、其他4个三级类目。

d. 审计工作一般分设一般审计事务和专项审计2个三级类目，可以直接细分到问题。

e. 人事管理一般设置人事综合、职工任用（招聘、调配）、劳务出口3个三级类目。

f. 教育工作设置职工教育培训管理、普通教育、中等教育（含职业教育）、高等教育、其他5个三级类目。

g. 医疗卫生设置医疗卫生管理、职工防病治病、计划生育、职工医院4个三级类目。

h. 后勤福利一般设置职工福利、职工住房、第三产业、其他4个三级类目。

i. 外事活动一般设置出访与接待2个三级类目，可以直接细分到问题。

③经营管理类。

a. 经营决策一般设置管理体制、经营战略、企业发展、其他4个三级类目。

b. 计划工作一般设置综合计划、专项计划、其他3个三级类目。

c. 统计工作一般设置综合统计报表、专项统计报表、统计分析、其他4个三级类目。

d. 财务管理一般设置综合财务管理、资金管理、成本价格管理、会计工作、其他5个三级类目。

e. 物资管理一般设置物资供应、仓库管理、废旧物资管理、其他4个三级类目。

f. 产品销售一般设置市场调查、用户档案、广告宣传、销售合同（协议及各种原始记录）、售后服务、其他6个三级类目。

g. 企业管理一般设置经济责任制、企业各项调查评优工作、企业管理现代化、其他4个三级类目。

④生产技术管理类。

a. 生产调度一般设置生产组织调度、生产运行、其他3个三级类目。

b. 质量管理一般设置全面质量管理、产品质量检测、其他3个三级类目。

c. 劳动管理一般设置劳动组织、劳动工资、劳动保护、其他4个三级类目。

d. 能源管理一般设置动力生产与管理、节能降耗工作、其他3个三级类目。

e. 安全管理一般设置安全防护、安全教育、事故处理、其他4个三级类目。

f. 科技管理一般设置技术开发、技术引进、科技成果管理、其他4个三级类目。

g. 环境保护一般设置环境保护检测、污染治理、其他3个三级类目。

h. 计量工作一般设置计量管理、计量检测记录、其他3个三级类目。

i. 标准化工作一般设置标准化管理、标准档案、其他3个三级类目。

j. 档案和信息管理一般设置企业档案管理（图书资料工作可归入其内）、情报工作、电子计算机信息管理、其他4个三级类目。

⑤产品类。

a. 产品档案按产品种类设置二级类目时，其产品档案三级类目可按产品型号设置。如果产品规模较小则不必设置四级类目，若产品规模较大，生产程序繁杂，形成的档案数量又较多时，可按照产品结构或产品研究生产阶段设置四级类目。

b. 产品档案按产品型号设置二级类目时，就可按产品主要结构或研制与生产阶段设置三级类目。对一些较小的产品，产品档案分类可从实际出发，不设三级类目。

⑥科学技术研究类。

a. 一般企业的科学技术研究档案分类，只设置到课题，即到二级类目，不再设置第三个分类层次。

b. 对于规模较大的科研课题，研究时间过程较长，也可按课题研制时间阶段或工作程序分设三级类目。

⑦基本建设类。

a. 基本建设档案二级类目按工程项目设置的企业，其三级类目可针对企业具体单项工程，按每个单项工程设置三级类目：对于一些大型工程项目，形成的档案数量多，归档延续时间长，这类工程按单项工程设置二级类目后，可针对工程具体情况再区分子项工程或工程施工阶段，也可区分工程结构设置基本建设四级类目；一般工程只需按照单项工程设置三级类目，不必再设置下一层次类目。

b. 基本建设档案二级类目按建筑项目设置的企业，按每个单项工程设置三级类目，一般只设置到三级类目：对于规模较大的单项工程，可根据需要设置三级类目，具体设置方法可分别按照子项工程或工程结构、施工阶段设置三级类目；一般工程项目在按单项工程设置二级类目后，可以不再设置三级类目。

⑧设备仪器类。

a. 设备仪器档案二级类目按设备仪器型号设置的，都不再设置三级类目。

b. 设备仪器档案二级类目按设备仪器种类设置的，或按生产装置设置的，都可以再按照设备仪器型号设置三级类目。

c. 设备仪器档案分类一般不设置四级类目。

⑨会计档案类。

a. 会计凭证一般设置原始凭证、记账凭证、汇总凭证3个三级类目。

b. 会计账簿一般设置日记账、明细账、总账、辅助账簿4个三级类目。

c. 会计报表一般设置月/季度会计报表、年度会计报表、财务快报3个三级类目。

d. 其他一般设置各类清册、各种卡片、其他记载3个三级类目。

⑩干部职工档案类。

a. 干部职工档案三级类目一般设置到企业职工个人。

b. 对于规模较大的企业，由于职工人数较多，为便于管理，可按职工具体部门设置三级类目后，再按职工个人进行四级分类。

3.4.3　企业档案分类的类目标识

标识企业档案分类号，实际是根据企业档案分类划定的类目层次，对各级类目给定相应的字母或数字，并用一定间隔符标明各级类目层次及关系的过程。《规则》中未提出明确的标识方式，在这里讲解两种常用的标识方法，即混合编号法和数字编号法。每个企业均可根据实际情况制定适用的编号方法，但分类编号标识一旦确定，就不能再随意改动。

3.4.3.1　混合编号法

混合编号法即采用汉语拼音与阿拉伯数字相结合进行编号，一级类目采用汉语拼音标识，用汉语拼音字母顺序反映类目的顺序，二级及二级以下类目分别用“双位制”阿拉伯数字顺序标识，用数字的位数反映其上下层次。汉语拼音与阿拉伯数字之间不用间隔号，二级以下类目层次中间用间隔号“·”隔离开，有时也可不用间隔号。具体示意如下：

A　　党群工作类

A01　　党务工作（党务工作一般不设置三级类目）

A02　　组织工作

A02·01　　组织管理

A02·02　　党员干部管理

A02·03　　整党建党

A02·04　　其他

A03　　宣传工作

A03·01　　各种宣传工作活动

A03·02　　政治思想工作

A03·03　　其他

A04　　统战工作（三级类目略）

A05　　纪检工作（三级类目略）

A06　　工会工作（三级类目略）

A07　　共青团工作（三级类目略）

A08　　协会工作（三级类目略）

B　　行政管理类

B01　　行政事务（三级类目略）

B02　　公安保卫（三级类目略）

B03　　法纪监察（三级类目略）

B04　　审计工作（三级类目略）

B05　　人事管理（三级类目略）

B06　　教育工作（三级类目略）

B06·01　　在职教育

B06·02　　普通教育

B06·02·01　普通教育综合管理

B06·02·02　企业第一小学校

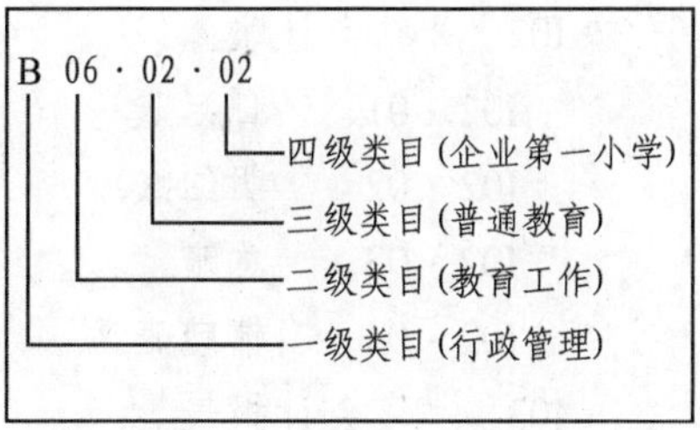

B06·03　　中等教育（含职业教育）

B06·04　　高等教育

B07　　医疗卫生（三级类目略）

B08　　后勤福利（三级类目略）

B09　　外事工作（三级类目略）

C　　经营管理类（二级及二级以下类目略）

D　　生产技术管理类（二级及二级以下类目略）

E　　产品类（二级及二级以下类目标识要依据企业产品生产情况和具体产品来确定，现假定以某汽车制造企业为例说明）

E01　　载重货车

E01·01　　东风140型

E01·01·01　发动机

E01·01·02　车厢

…　　…

E02　　客货两用车

E03　　客车

F　　科学技术研究类

G　　基本建设类

H　　设备仪器类

（科学技术研究、基本建设、设备仪器的二级及二级以下类目的确定和标识与产品档案类同）

I　　会计档案类

I01　　会计凭证

I01·01　　原始凭证

I01·02　　记账凭证

I01·03　　汇总凭证

I02　　会计账簿

I02·01　　日记账

I02·02　　明细账

I02·03　　总账

I02·04　　辅助账簿

I03　　会计报表

I03·01　　月度、季度会计报表

I03·02　　年度会计报表

I03·03　　财务快报

I04　　其他

J　　干部职工档案类

J01　　干部档案（三级类目略）

J02　　工人档案（三级类目略）

J03　　离退休职工档案（三级类目略）

J04　　死亡职工档案（一般不设三级类目）

在具体标识中，企业亦可从实际出发，若类目不多，也可采用“八分法”进行标识。编号时，也可不必使用间隔号，直接采用如 E010102 的标识方式。

3.4.3.2　数字编号法

数字编号，即采用阿拉伯数字统一编号。对一般的企业来说，在分类中不超过分类表内容时，一级类目采用“十进位”编号法，即 0~9 顺序标识，二级类目采用“八分法”编号，二级以下类目可以采用“双位制”编号；若企业规模较大、类目繁杂，各级类目均可采用“双位制”进行标识。下面就常用的“十进位—八分法—双位制”分类编号法讲解如下：

0　　党群工作类

01　　党务工作（党务工作一般不设置三级类目）

02　　组织工作

0211　　组织管理

0212　　党员干部管理

0213　　整党建党

0214　　其他

03　　宣传工作

0311　　各种宣传工作活动

0312　　政治思想工作

0313　　其他

04　　统战工作（三级类目略）

05　　纪检工作（三级类目略）

06　　工会工作（三级类目略）

07　　共青团工作（三级类目略）

08　　协会工作（三级类目略）

1　　行政管理类

11　　行政事务（三级类目略）

12　　公安保卫（三级类目略）

13　　法纪监察（三级类目略）

14　　审计工作（三级类目略）

15　　人事管理（三级类目略）

16　　教育工作（三级类目略）

1611　在职教育

1612　普通教育

161211　普通教育综合管理

161212　企业第一小学校

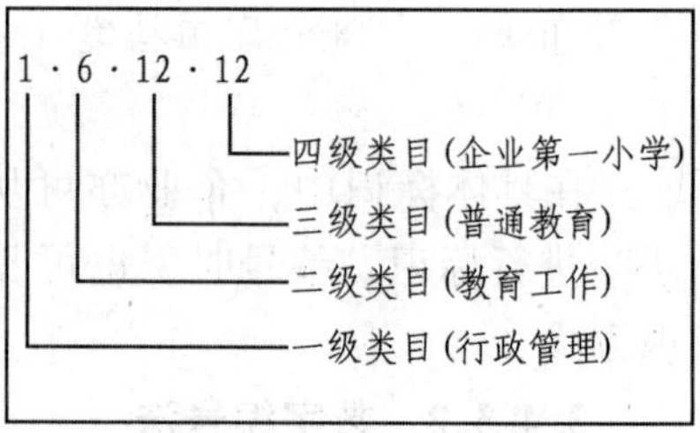

1613　中等教育（含职业教育）

1614　高等教育

17　　医疗卫生（三级类目略）

18　　后勤福利（三级类目略）

191　　外事工作（三级类目略）

19111　经济技术方面外事来往

19112　一般外事活动

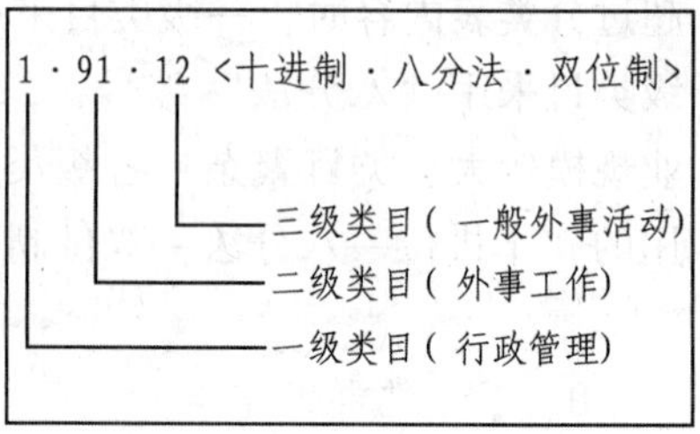

19113　其他

2　　经营管理类（二级及二级以下类目略）

3　　生产技术管理类

（经营管理与生产技术管理的二级类目及二级以下类目标识与党群工作、行政管理的标识方法相同）

4　　产品类（产品的二级及二级以下类目标识要依据企业产品生产情况和具体产品来确定，现假定以某汽车制造企业为例说明）

41　　载重货车（产品种类）

4111　东风140型（产品型号）

411111　发动机（产品结构）

411112　车厢（产品结构）

…　　…

42　　客车（三级类目略）

5　　科学技术研究类

6　　基本建设类

7　　设备仪器类

（科学技术研究、基本建设、设备仪器的二级及二级以下类目的确定和标识与产品档案类同）

8 会计档案类

81 会计凭证

8111 原始凭证

8112 记账凭证

8113 汇总凭证

82 会计账簿

8211 日记账

8212 明细账

8213 总账

8214 辅助账簿

83 会计报表

8311 月度、季度会计报表

8312 年度会计报表

8313 财务快报

84 其他

9 干部职工档案类

91 干部档案（三级类目略）

92 工人档案（三级类目略）

93 离退休职工档案（三级类目略）

94 死亡职工档案（一般不设三级类目）

3.4.3.3 企业特殊载体档案的类目标识

《规则》中规定："声像、照片或其他非纸质载体形式的档案，其形成、反映的内容和作用与纸质载体档案有着不可分割的联系，一般不单独设置类目，可视其内容特征同纸质档案对应分类编号。考虑其载体形式和保管要求不同，应分库保管，其他则不作统一规定。"也就是说，为便于特殊载体档案的查询利用，应找到与其反映相同内容的纸质档案，建立相互联系的分类标识。结合实践，提出以下企业特殊载体形式档案的分类标识方法。

（1）照片档案。对于照片档案来说，首先应冠以其所属的一级类目名，再以张为单位编写顺序号，一级类目与顺序号之间用间隔号"·"分开。例如，"E·48"表示产品类第48张照片。照片档案数量较多的企业，可区分到二级类目之后再编写顺序号。例如，"A03·8"表示宣传工作第8张照片。

(2) 录音、录像档案。录音、录像档案的分类标识可分三部分填写。第一部分为一级类目名，第二部分可以由各企业根据不同的活动专题赋予相应的编号，第三部分则是每个专题之下以盒为单位的顺序号，即“基本类目·专题代号·顺序号”。例如，“A·11·18”为党群类第11个专题的第18盒录音或录像资料。

(3) 实物档案。实物档案的分类标识可参照照片档案的标识方法，即按件的顺序号进行标识。如“A·9”为党群工作的第9件实物档案。此外，还可以在一级类目和顺序号之间用阿拉伯数字代表奖项的等级，如“1”代表国家级一等奖，“2”代表省级一等奖。例如，“A·1·9”为党群工作第9个国家级金奖的实物档案。

(4) 缩微胶片档案。缩微胶片档案对应其被缩微的纸质档案的编号。例如，“A0203·80·2·15”表示党群工作第80卷第2份文件的第15页，也表示整党建党小类。

(5) 底图、蓝图等档案。企业产品、科研课题、基建工程及设备仪器常产生底图、蓝图这类特殊载体的档案，其分类编号要与产品、课题、工程项目与设备型号严格对应。

3.4.4 企业档案的案卷编目工作

企业档案案卷编目就是在案卷整理归档后、上架排列前，依据案卷排列顺序对案卷系统进行登记的过程。①

3.4.4.1 企业档案案卷总目录

案卷总目录的登记范围涵盖了企业所有档案，其目的主要是掌握企业档案概况，便于查询利用。具体项目有：

(1) 总顺序号，即按照时间顺序，对接收的档案进行归档，以卷为单位登记的流水编号。

(2) 归档时间，即案卷归档的实际时间，按照年、月、日填写。

(3) 案卷题名、档号、编制单位、编制日期、密级、保管期限，按照案卷封面已经填写的内容进行填写。

(4) 份数、张数，按照案卷备考表内注明的文件份数、文件总页数填写。

(5) 备注，填写针对本案卷需要说明的情况。

企业档案案卷总目录参考样式见本章后附图1。

① 国家档案局三司．企业档案分类与组卷实用参考[M]．海洋出版社，1992：94-96.

3.4.4.2　企业档案案卷分类目录

企业档案案卷分类目录应严格按照《规则》设置的十大类目进行编制，基本以每一大类为一个单元，以卷为等级单位，按照案卷的整理顺序进行流水登记。分类目录与总目录在项目上基本相同，主要有：分类顺序号、归档时间、案卷题名、档号、份数、张数、编制单位、编制日期、密级、保管期限、变更情况、备注。

企业档案案卷分类目录参考样式见本章后附图 2。

3.4.4.3　底图目录

底图目录与其他目录不同，因其形成特点，要求单独存放并建立一套相应的登记目录。底图目录的建立要严格按照底图的整理和排列要求，保证底图的成套和系统性，在此基础上对应其相应的蓝图档案进行编制。具体项目有：

（1）序号，即底图归档的顺序号，按照归档时间顺序进行流水登记。

（2）归档时间，即底图经形成单位整理后移交企业档案部门的归档时间。

（3）档号，即底图对应蓝图所在案卷档号。

（4）底图号，即每张底图给定的图号。

（5）底图名称，揭示每张底图所反映的内容名称。

（6）幅面张数，按照一般机械制图的要求进行填写，一般分 6 个幅面，每张底图按照不同幅面对应填入数量。

（7）编制单位，即底图的形成单位。

（8）编制日期，即本底图完成编制时的日期。

（9）备注，填写每张底图需要说明的问题。

底图目录参考样式见本章后附图 3。

3.4.4.4　企业特殊载体档案目录

企业声像档案、照片档案等非纸质载体的档案，因其材料不同，对保管有着不同的要求。按《规则》要求应单独分库保管，企业可以根据实际情况，建立一套单独针对特殊载体档案的案卷目录。具体项目有：

（1）序号，即按照档案归档时间给予的流水号。

（2）载体类型，说明载体形式或材料，如照片、录音、录像、实物等。

（3）归档时间，与案卷总目录相同。

（4）案卷题名，填写归纳档案所反映内容的特征。

（5）编号，填写该载体档案分类整理后的编号。

（6）数量，根据不同载体填写，如照片以张为单位填写，录音、录像按盒填写。

（7）编制单位、编制日期，同底图目录，对于企业实物中的奖状、奖杯可写发证单位。

（8）案卷档号，填写的档号要与所对应的纸质档案（案卷号）一致，以便对应查询。

（9）密级与保管期限，填写划分的密级与保管期限。

（10）备注，填写需要说明的问题。

特殊载体档案目录参考样式见本章后附图4。

企业档案案卷总目录

总顺序号	归档时间			案卷题名	档号	份数	张数	编制		密级	保管期限	备注
	年	月	日					单位	日期			

附图1

企业档案案卷分类目录

分类顺序号	归档时间			案卷题名	档号	份数	张数	编制		密级	保管期限	备注
	年	月	日					单位	日期			

附图2

底 图 目 录

序号	归档时间			档号	底图号	底图名称	幅面张数（张）							编　制		备 注
	年	月	日				0	1	2	3	4	5	合计	单位	日期	

附图 3

企业特殊载体档案目录

分类顺序号	归档时间			案卷题名	档 号	份 数	张 数	编 制		密 级	保管期限	备 注
	年	月	日					单位	日期			

附图 4

第4章 档案主题标引

主题标引，是对文件或案卷的内容进行主题分析，然后根据主题法给予主题词标识的过程。档案主题标引需要借助档案主题词表进行查词、选词，并依据主题标引的规则，将主题概念转换为主题词。本章以《档案信息检索》教材的第3章和第5章为基础，使用《中国档案主题词表》作为主题标引工具，对上述内容进行讲解。同时，借助《中国分类主题词表》及网络版，对档案分类主题一体化标引进行教学。

4.1 实习目的

(1) 掌握档案主题标引的基本规则与方法，尤其是叙词组配的原理及其应用。

(2) 掌握从《中国档案主题词表》中查表选词的途径与具体方法。

(3) 了解分类主题一体化标引的途径及方法。

(4) 了解《中国分类主题词表》网络版的基本功能及使用。

4.2 实习内容

(1) 学习《中国档案主题词表》的体系结构及使用方法。

(2) 学习档案主题标引的规则、流程和方法，使用《中国档案主题词表》完成相关练习。

(3) 思考实现分类主题标引一体化的途径和方法。

(4) 上机操作，了解《中国分类主题词表》网络版的基本功能及使用。

4.3 《中国档案主题词表》及档案主题标引

4.3.1 《中国档案主题词表》的结构

《中国档案主题词表》是中国第一部通用的档案主题词表。它按照档案论述和涉及的主题及事物集中档案材料，用规范化的自然语言语词作标识来直接表达档案主题概念，用参照系统间接显示概念之间的关系，并用字顺序列对档案信息进行系统化组织，提供按字顺主题检索的途径。它由主表、范畴索引、词族索引、附表（人名表、机构名表），以及首字笔画检字表和附录等构成。

4.3.1.1 主表

主表是词表的正文，由全部正式主题词（叙词）和非正式主题词（非叙词）按汉语拼音顺序排列而成。正式主题词用于标引和检索，非正式主题词也称为入口词，不可用于标引和检索。词的款目结构通常包括以下几个要素。

```
Jing ji xiao yi ……………………………………汉语拼音
经济效益  〔JB〕…………………款目词及其范畴号
  D 经济效果 ┐
  F 企业效益 ├…………………………参照项（词间关系）
  C 经济分析 ┘
```

（1）款目项。主要起排列和检索入口的作用。依照首字音序、调序结合汉字字形笔画排列，首字相同者依第二字音序、调序、字形笔画排列，依此类推。

（2）范畴号。是该款目词的范畴分类类目代号。通过范畴号可以在范畴索引中查找与该主题词同属一类的相关主题词。例如，根据范畴索引号 GE，利用范畴类目索引能找到 GE 类（即体育类）在其中的起始页码，翻到所在页码，与游泳有关的款目词都集中在这里。还可以从范畴类目索引中看到与体育类同在一个层次上的相关概念，如 GA（文化）、GB（教育）、GC（医药卫生）、（GD 计划生育）。

（3）参照项。其作用是显示词间关系，《中国档案主题词表》规定的参照符号有 Y（用）、D（代）、F（分）、S（属）、Z（族）、C（参）6 种，并按此顺序著录。其中 D 项显示等同关系，说明该款目词作为非正式主题词收录，只用来指引和查找正式主题词，不能作为标引和检索词使用，其对应的参照项为 Y 项；F、S、Z 这三项均用来显示等级关系，F 项中的主题词是款目词的下位词，S 项中的主题词是款目词的上位词，Z 项中的主题词是款目词的族首词（最上位词），其后注以“＊”；C 项显示相关关系。

（4）限定词和注释，主要是为了明确主题词的含义。其中，限定词是为了使得多义词、多指词保持词义的单一专指，用圆括号“（）”注于主题词之后，作为主题词的组成部分，在标引的时候不能省略。例如：

① Ran se
染色（纺织品）〔AD〕
C 染料*
染色坚牢度
② Jing wang（youqitian）
井网（油气田）〔AD〕
C 布井

如果选择类似上述有限定词的专指词作为标引词，标引的时候，不能把括号及其里面的文字省略，必须写成“染色（纺织品）”和“井网（油气田）”。

而注释是对词义含糊的主题词进行说明或加以定义，以明确其含义。用圆括号“（）”注于主题词之下，不作为主题词的组成部分，在标引的时候省略。例如：

① San tong
三通　　〔AD〕
（中国大陆与台湾地区通航、通邮、通商政策）
② Te zhong jiao yu
特种教育　　〔AD〕
（国民党政府实行的反共政策）

如果选上述专指词作为标引词，标引的时候，只需标引“三通”或者“特种教育”即可，省略括号及其里面的文字。

4.3.1.2 范畴索引

《中国档案主题词表》范畴索引的类目是参照《中国档案分类法》主表的类目并结合主题词的特点而设置的。所有类目不超过三级。其标识符号采用汉语拼音字母与阿拉伯数字混合制，一、二级类目用字母标识，三级类目用阿拉伯数字标识。而范畴索引各级类目的款目词按照音序、调序结合汉字字形笔画排列，设置的参照符号只有 Y 和 D 项。

K 财政、金融……………………一级类目
　KA 财政 ……………………………二级类目
　　KA1 财政管理………………………三级类目
　　KA2 会计……………………………三级类目

当一词具有两个类目的属性时，可在有关类目中重复出现。例如，“国际运河”一词在 PC（水路）和 EB（国际组织与事务）两类中重复出现；“归侨就业”一词在 BJ（侨务）和 BF1（劳动管理）两类中重复出现。在使用范畴索引之前，应先查看范畴类目索引，范畴类目索引反映一、二、三级类目。

4.3.1.3 词族索引

《中国档案主题词表》的词族索引由主表中具有属分关系的全部正式主题词编制而成。它以族首词作排检款目词，同一词族的词在索引中以缩格的形式显示其等级关系，族首词之间按汉语拼音音序排列。从最上位词（族首词）到最下位词的层数称为词族的等级数。族首词为一级词，右上角缀以“＊”，其下分词中二级词前面有一个点“·”，三级词前面有两个点“··”，依此类推。例如：

Li fa
历法*………………………………一级词
·藏历………………………………二级词
·天文年历…………………………二级词
　··航海天文历……………………三级词

词族索引能增强词表的族性检索功能，是实现自动扩检、缩检及上位登录的重要手段。具有属分关系的主题词，一般以一个词入一个词族为原则，少数主题词按其属性须跨两个或两个以上词族者，分别在不同词族中显示。同一词族内，有少数主题词按其属性须跨两级者，则在两级下重复显示。

词族索引与主表之间通过缀以“ * ”的族首词联系，在主表中看到带有“ * ”的主题词，可在族首词目录中先查到该词在词族索引中的页码，便可在词族索引中查到该族词，依汉语拼音音序，可查到该族下分的主题词。例如：

Li fa
历法 * 〔 BG TB 〕
　F 藏历
　天文年历

“历法”是族首词，利用族首词目录可以找到“历法”所在的页码，翻到该页码，即可看到以上结果。或者直接从词族索引中按照汉语拼音音序、调序、字形笔画参照页眉提示也可以得到以上结果。

4.3.1.4　附表

《中国档案主题词表》设有两个附表，即人名表和机构名表。可以方便利用者查找专有的人名和机构名。人名表和机构名表中主题词款目的著录事项、著录格式及排列顺序与主表完全相同。

人名表收录了明清以来 11771 位名人。注释由生卒时间、籍贯或出生地构成，不作为标引词的组成部分。词间关系设 Y、D 项。例如：

Guo mo ruo
郭沫若
　1892—1978 四川乐山
　D 郭鼎堂
　　郭开贞
　　麦开昂
　　尚武
　　文豹
　　易坎人

机构名表收录了明清以来 1900 个中央级党、政、军、社团、企业事业机构名称。同一时期的机构，一般以规范化的简称（无规范化简称以全称）为正式主题词，少数特殊的以俗称为正式主题词。词间关系设 Y、D 和 C 项。例如：

① Lin ye bu
林业部
D 中华人民共和国林业部
C 林垦部
农林部

② Zhong guo min zhu tong meng
中国民主同盟
Y 民盟

4.3.1.5 词目首字笔画检字表和附录

词目首字笔画检字表包括词目首字笔画检字表、机构名表首字笔画检字表、人名表姓氏笔画检字表。均按照款目词的首字笔画顺序排列，字后注有该字在主表、机构表或人名表中最先出现的页码。

《中国档案主题词表》的附录有《档案著录规则》《中国历史纪年表》《韵目代日表》《干支次序表》《化学元素周期表》。

4.3.2 《中国档案主题词表》的使用

利用《中国档案主题词表》查找主题词，有以下两个途径：

4.3.2.1 从主表中查词

第一种方法是按汉语拼音的音序、调序、字形笔画参照页眉提示，从主表或附表（人名表和机构名表）中查找标引用的主题词。《中国档案主题词表》的款目词按照汉语拼音的音序排列，且每页的页眉处都会列出词目首字及汉语拼音音节范围，因此用这种方法查找起来比较便捷。

第二种方法是利用《词目首字笔画检字表》查找主题词。《词目首字笔画检字表》是按照词目首字笔画从多到少排，同笔画的字又按照“一”(横)、“丨”(竖)、“丿”(撇)、“丶”(点) 和 “乛”(折) 的笔形顺序排列，因此查找的时候可以按照首字的笔画和笔形查到首字在主表中的起始页码，翻到主表正文，按照音序查看是否有所要查的词。

例如：对“关于进一步提高档案裱糊工作进度的报告” 进行主题标引

第一步，主题分析。这份档案为单主题，主题概念是“档案裱糊”。

第二步，查表选词。

方法一：利用汉语拼音音节翻到有首字“档”的位置，再利用第二字、第三字等的音序向后或向前翻查。得到以下结果：

Dang an biao hu
档案裱糊　　〔GA5〕
　Y 档案修复

“档案裱糊”并非正式主题词，不能作为标引词，由参照符号“Y”可知，档案修复才是与之相对应的正式主题词。因此，标引结果为“档案修复”。

方法二：利用《词目首字笔画检字表》。首字“档”为十画，第一笔为“一”（横），因此在《词目首字笔画检字表》中查到十画，然后查笔画为“一”（横）的汉字序列，得到“档”字的起始页码，将主表翻到该页码，再按照拼音顺序查找。最终也得到上述结果。

例如：对“茅盾手稿”进行主题标引

第一步，主题分析。这份档案为单主题，主题概念是“茅盾手稿”。

第二步，查表选词。从《中国档案主题词表》的人名表中，利用汉语拼音音节翻到有首字“茅”的位置，然后向后或向前翻查。得到以下结果：

Mao dun
茅盾　　〔GA5〕
　Y 沈雁冰

这是一个非正式主题词，需要用“沈雁冰”作为标引词。

接着利用《词目首字笔画检字表》查找主表。首字“手”为四画，第一笔为“丿”（撇），因此在《词目首字笔画检字表》中查到四画，然后查笔画为“丿”（撇）的汉字序列，得到“手”字的起始页码，将主表翻到该页码，再按照拼音顺序查找，得到以下结果：

Shou gao
手稿　　〔GA6〕

因此，标引结果为“沈雁冰—手稿”。

4.3.2.2　利用范畴索引查词

利用范畴索引查找主题词时，首先分析所要查的词的主题概念和类目，接着从范畴类目索引中查到该类所在的页码，最后依次查找与该词主题概念相一致的主题词。由于同类性质的主题词相对集中，在同一类内相同字头的主题词也集中在一起，因此查找起来比较方便。

例如：对“关于出版社严格执行三审责任制度的通知”进行主题标引

第一步，主题分析。该文件的主题概念属于出版审查问题，即“新闻、出版、广播、电视类”。

第二步，查表选词。从范畴类目索引中查到“新闻、出版、广播、电视类”的范畴类目为GA7，以及其在范畴索引中的起始页码。翻到相应页码，依次向下查，查到“出版审查”一词。最后标引结果为“出版审查”。

利用范畴索引的关键是要准确判断范畴类别，同时也应当注意，由于范畴索引并没有详细、明显的语义关系表示，其属分关系、参照关系大多通过分类体系体现，参照符号只有Y和D项。因此对于一些语义不是特别明确的主题词，或是在范畴索引中查不到最专指、最合适的主题词时，有必要查找主表进行参照、取舍。例如，在范畴索引中查到“分党”一词，如果不核对主表，就有可能以为分党是指党的分裂，但是查找主表会发现款目词的下方有注释“（蒋介石破坏国共合作）”，意思不一样。因此对于较为生僻、语义不明确的词，从范畴索引中查到后有必要核对主表，以提高标引的准确度。

4.3.3 档案主题标引的规则

（1）了解所用主题词表的结构、标记符号及其使用方法，熟悉主表中的款目词结构和参照系统的功能，以及附表类型及辅助表（范畴索引、词族索引）的功能，以便迅速、准确地查到所需的主题词。

（2）档案主题标引必须客观地、直接地反映档案论述或涉及的事物和问题，不应掺杂标引人员的臆测和褒贬。

（3）档案主题标引应遵循专指性原则。即选择词表中最专指、最恰当的主题词进行标引，当词表中有表达该主题概念的专指词时，不得选用其上位词或下位词，也不得进行组配标引。

（4）当词表中没有专指词时，应选择最直接、最关联的两个以上的主题词进行组配标引；当组配标引不能准确地表达主题概念时，再选用最临近的上位词或近义词进行标引（靠词标引）；当用上位词、近义词标引也不合适时，可采用自由词标引。

（5）选定的主题词应是词表中的正式主题词，书写形式要与词表中的词形一致，不能随意更改或省略。

（6）每一份档案的标引深度，原则上应以能准确、完整地表达档案主题内容，充分揭示出有检索意义的档案信息以及检索系统的处理能力为依据。一个标引对象，标引用词一般有 2~10 个。

（7）标引时要注意反映档案中出现的新事物、新政策、新成果，尽量向利用者提供更多的信息。

4.3.4　档案主题标引的流程

4.3.4.1　主题分析

确定主题类型与结构，提取出主题概念，最重要的是明确主题类型是单主题还是多主题，若是单主题，还要进一步明确是单元主题还是复合主题。对于单主题中的单元主题，一般只需要给出一个主题词；对于单主题中的复合主题，则需要根据情况论述的对象和方面进行组配标引，必要时可以轮排；对于多主题，需要将其分解为一个个的单主题，再以每个单主题为一组，分别标引。

4.3.4.2　确定标引方式

（1）如果采取手工标引，一般采用补充标引的方式，即除了对档案的整体主题进行概括性标引外，还要选择具有检索意义的个别局部主题或主题因素作单独标引，从而较为全面、深入地反映文献主题，提供较多的检索途径和较好的检索深度。例如，对“中华人民共和国 1987 年国库券条例”进行主题标引。该文件是针对 1987 年度国库券发行一事制定的，为区别其他年份的同类文件，需要标引时间因素。最终的标引结果为“国库券—条例—1987”。

（2）如果采取自然语言方式进行自由标引和自动标引，则可实现全面标引，尽可能地揭示文献的各个主题因素，提高检全率和检准率。

4.3.4.3　利用《中国档案主题词表》转换主题概念

如果词表中有相对应的专指词，同时又是正式主题词，则选用该词作为标引词。如果表中没有对应的专指词，则应选择最直接、最关联的两个或两个以上的主题词进行组配标引；当组配标引不能准确地表达主题概念时，再选用最临近的上位词或近义词进行标引（靠词标引）；当用上位词、近义词标引也不合适时，可采用自由词标引。总的来说，主题词标引的优先顺序如下：专指词标引—组配标引（交叉组配—方面组配）—靠词标引（上位词标引—近义词标引）—自由词标引。

4.3.4.4　给出档案主题标识

即根据概念转换的结果，给出相应的主题词。

4.3.4.5　作标引记录

对标引结果以及标引中所处理的某些问题（如增删主题词等）进行记载。

4.3.4.6 校对审核

校对审核的内容主要有主题分析是否全面、准确，主题概念的转换是否符合标引规则，标引记录有无差错等。

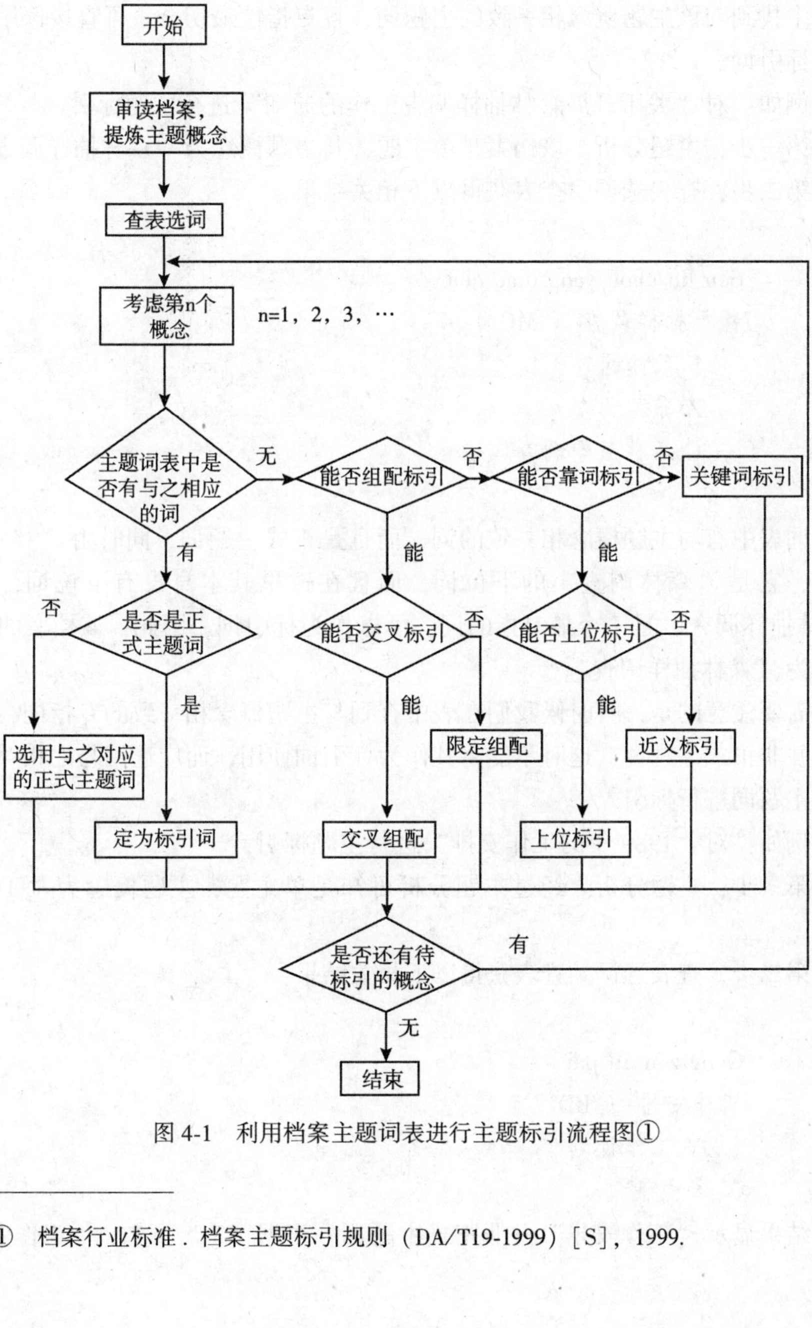

图 4-1 利用档案主题词表进行主题标引流程图①

① 档案行业标准．档案主题标引规则（DA/T19-1999）[S]，1999.

4.3.5　档案主题标引的方法

4.3.5.1　专指词标引

通过主题分析得到主题概念，然后查表选词，转化主题概念。若能直接在词表中找到与该主题概念相一致的主题词，且专指性最切合，可直接选用该词作为标引词。

例如：对“关于开展森林抽样调查工作的通知”进行主题标引

第一步，主题分析。该档案是单主题，其主题概念为“森林抽样调查”。

第二步，查表选词。查表获得以下相关结果：

Sen lin chou yang diao cha
森林抽样调查〔MC〕
　S 森林调查
　Z 资源调查 *
　C 森林航空调查

词表中有与主题概念相一致的词，而且是正式主题词，同时由“S”可以知道，它是“森林调查”的下位词，而且在这里其本身没有下位词，因此“森林抽样调查”是一个最专指的词，可以作为标引词。因此，该档案的标引结果为“森林抽样调查”。

需要注意的是，有时候我们在表中查到与主题概念相一致的专指词，但发现它并非正式主题词，这时不能将其作为标引词使用，而应选用与之相对应的正式主题词进行标引。

例如：对“1989年的工作安排”进行主题标引

第一步，主题分析。经过主题分析可知是单主题，主题概念为“工作安排”。

第二步，查表选词。查表获得以下相关结果：

Gong zuo an pai
工作安排〔BD〕
　Y 工作计划

结果显示“工作安排”并非正式主题词。根据“Y”可知，“工作安排”

用“工作计划”，“工作计划”才是正式主题词。时间因素最好不省略，以区分不同年份的工作安排。因此，该档案的标引结果为“工作计划—1989”。

4.3.5.2 组配标引

标引时，有时会遇到自然语言的复合词或短语，在《中国档案主题词表》中往往找不到与这些主题概念对应的、专指的单个主题词，这时可以考虑采取组配标引。组配标引是用两个或两个以上的主题词逻辑组合来表达一个复合主题概念，能够提高标引的专指度，提供多种检索途径。档案主题词的组配标引属于概念组配，包括交叉组配和方面组配两种类型。

（1）交叉组配（又称概念组配）。指用两个或两个以上具有概念交叉关系的同级主题词组配表达其相应的下位概念，组配符号为“:”。例如，用“亚热带植物：水生植物”标引“亚热带水生植物”；用“外国文学：当代文学”标引“外国当代文学”；用“水下爆炸：核爆炸”标引“水下核爆炸”。

交叉组配的必要条件是参与组配的主题词必须具有概念之间的交叉关系，组配后得到的概念应当是组配者的共有下位概念。

例如：对“关于组建化工联合企业的通知”进行主题标引

第一步，主题分析。该档案为单主题，其主题概念为“钢铁联合企业”。

第二步，查表选词。查表发现词表中没有表达“钢铁联合企业”这一主题概念的先组主题词，却可以查到“联合企业”和“化工企业”这两个相关主题词，且这两个主题词具有概念交叉关系。因此，可以用这两个主题词进行组配标引，标引结果为“化工企业：联合企业”。

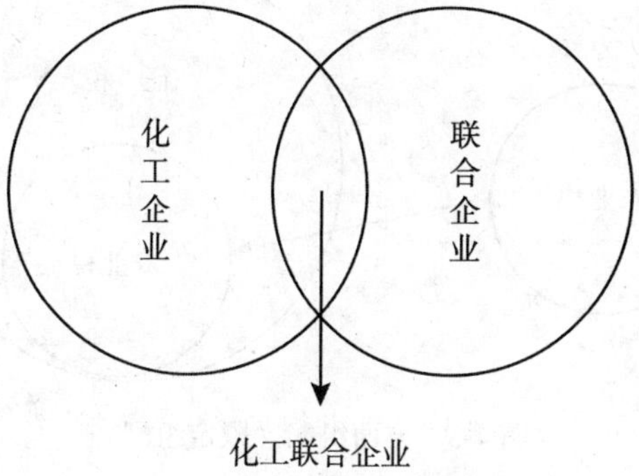

图 4-2 交叉组配（概念组配）

（2）方面组配（又称限定组配）。指由一个表示事物的主题词，与另外一个或几个表示事物某个属性或某个方面的主题词组配表达相应的下位概念，组配符号用“—”。

这个下位概念可以是一个特称概念，即属概念经过限定（类似于使用定语）转化为具有某种特征的种概念。例如，用“档案学—词典”标引“档案学词典”，用“汽车—发动机”标引“汽车发动机”，用“中部地带—对外开放”标引“中部地带对外开放”。也可以是一个方面概念，即事物某一方面的问题，它是用一个表示事物的概念对某一表示过程、性质、状态的方面概念进行限定（类似于使用谓语或者表示事物方面的说明语）转化而成。例如，用“玉米—种植”标引“玉米种植”，用“机械工业—工业产品—质量检验”标引“机械产品质量检验”，用“经济发展—宏观管理”标引“经济发展宏观管理”，用“农业废物—废物处理”标引“农业废物处理”。

例如：对“关于做好农业税征收工作的通知”进行主题标引

第一步，主题分析。该档案为单主题，其主题概念为“农业税征收”。

第二步，查表选词。查表发现主表中并没有与之相对应的专指词，因此考虑用组配标引的方法。首先考虑对该主题概念进行交叉组配，但无法分解为有交叉关系的概念因素；接着考虑方面组配，发现该主题概念可以分解出彼此在外延上具有限定关系的概念因素，如“农业税”对“征税”起限定作用。且这两个词在表中都有与之相对应的专指词。因此，最终的标引结果为“农业税—征税”。

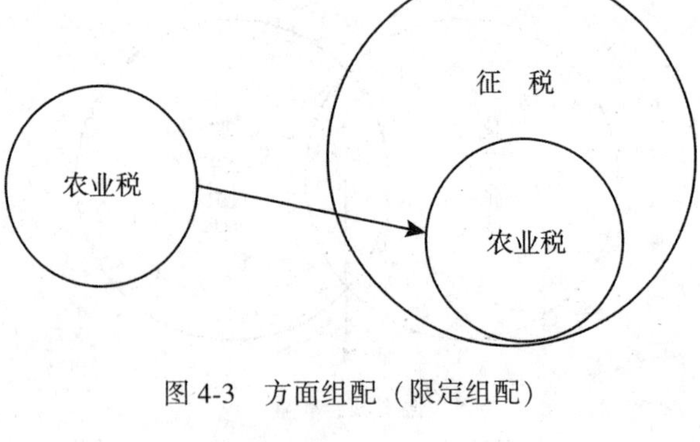

图 4-3　方面组配（限定组配）

限定组配与概念组配的区别在于，限定组配中组配的两个概念之间不存在概念的交叉关系，只是用一个概念作为缩小另一个概念外延和深化其内涵的条件。概念限定组配的适用范围很广，占主题词组配的绝大部分。

（3）组配标引的规则。组配标引除了必须遵循档案主题标引的一般规则外，还要遵循以下组配规则：

①组配必须是概念上的组配，而不应是字面上的组配。概念组配基于概念逻辑原理，重在拆义，而字面组配以构词法为基础，重在拆词。因此在组配的时候一定要以概念间的逻辑关系为基础，通过概念分解，揭示概念的本质，组配后不能使得意义失真或者是引起歧义。

例1：转换主题概念“键盘乐器的制造”

如果单纯从字面上组配，其结果为“键盘—乐器—制造”，显然不符合逻辑。用概念组配才不至于意义失真，其标引结果为：“键盘乐器—乐器制造”。

例2：转换主题概念“半自动机床”

“半自动机床”指一种既是“半自动机床”又是“磨床”的概念，因此需要用概念组配，结果为“半自动机床：磨床”，而不是字面组配“半自动—磨床”。

例3：转换主题概念“医用光学仪器”

应使用概念组配“医疗器械—光学仪器”，而不是字面组配“医用—光学—仪器”。

例4：转换主题概念“高层建筑施工设计”

应使用概念组配“高层建筑—建筑设计：施工设计”，而不是字面组配“高层—建筑—施工—设计”。

②在组配标引时，应优先考虑交叉组配，然后考虑方面组配。

例1：对“基建计划管理”进行主题标引

A：基建—计划管理　B：基建管理：计划管理

按照组配的原则，A是成立的。在这里，可视“基建”为事物的主体，“计划管理”为事物的一个方面，即过程方面。但既然主题词表中有“基建管理”及“计划管理”，则应选择交叉组配的形式B，而不用限定组配的形式A，B比A更专指地表达了“基建计划管理”这一主题概念。只有当词表中没有相应主题词可进行交叉组配时，才选用限定组配标引。

例2：对“食品包装用玻璃容器”进行主题标引

不使用“食品包装—玻璃容器”，而用“食品包装容器：玻璃容器”。

例3：对“农业优惠政策”进行主题标引

不使用“农业—优惠政策”，而用“农业政策：优惠政策”。

③应使用词表中最专指的词进行组配，不能越级组配。当能够选用最专指的主题词进行组配时，就不得使用其上下位主题词组配。只有当确实查不到合

适的专指词时，才允许使用泛指主题词进行组配。

例1：对“关于做好高产经济作物栽培的通知”进行主题标引

第一步，主题分析。该档案是单主题，其主题因素为“高产经济作物栽培”。

第二步，查表选词。查得以下相关结果：

a. Gao chan zuo wu
高产作物　〔MB1〕
S 农作物*

b. Jing ji zuo wu
经济作物　〔MB1〕
D 工艺作物
技术作物
F 烟草
S 农作物
C 纤维作物
油料作物

c. Nong zuo wu zai pei
农作物栽培〔MB3〕
S 栽培*

该档案的主题概念为“高产经济作物栽培”，但在表中并没有与之相对应的专指主题词，故需采用组配标引的方法。可以将主题概念分解为“高产经济作物”和“农作物栽培”。“高产经济作物”对“农作物栽培”起限定作用。但是“高产经济作物”在表中并没有与之相对应的专指词，还需进行组配。根据“高产经济作物”这一概念，相关的主题词有“高产作物”“农作物”“经济作物”“油料作物”等。如果用“农作物”与“经济作物”进行组配，“农作物”是“高产作物”的上位概念，与主题不符。如果用“高产作物”与“油料作物”进行组配，“油料作物”是“经济作物”的下位概念，也与主题不符。以上两者都属于越级组配。因此，正确的组配方法是用“高产作物”与“经济作物”两个主题词来表示“高产经济作物”这一复杂概念。再者，“农作物栽培”也不能用其上位概念“栽培”，否则会使得标引的结果不确切。因此最终的标引结果为“高产作物：经济作物—农作物栽培”。

例 2：对“美国金融危机”进行主题标引

应使用“金融危机—美国”进行组配，而不能用“经济危机—美国”，也不能用“货币危机—美国”。

④当复合主题中含有多个主题因素时，应按其重要程度确定组配次序，并根据标引深度的要求对其加以取舍。当标引深度超过规定时，可略去次要的主题因素。复合主题包含的主题因素可分为主体因素、通用因素、位置因素、时间因素、档案类型因素五种，其组配次序如下：主体因素—通用因素—位置因素—时间因素—档案类型因素。

例如：对“上海市 1985 年人口计划工作的报告”进行主题标引

经分析，该档案的主题为复合主题，主体因素为“人口计划工作”，位置因素为“上海市”，时间因素为“1985 年”，档案类型因素为“报告”。该档案有着较强的位置和时间限定，因此应标引地点与年份。标引结果可以为“人口计划—上海市—1985—报告”，如果标引深度为 3 的话，只能选择“人口计划—上海市—1985”进行标引。

⑤当某一主题概念在词表中有组代主题词（先组复合词）时，应选用规定的组代主题词，不应另选其他主题词进行组配标引。

例 1：对“关于犯罪分子财产的处理意见”进行主题标引

由于主题词表内有“犯罪分子财产”这一主题词，因此，可用“财产处理—犯罪分子财产”加以标引，而不用“财产处理—犯罪分子”标引。

例 2：对“高等师范教育政策”进行主题标引

由于主题词表中有“高等师范教育”这一主题词，因此，可用“高等师范教育—教育政策”加以标引，而不用“高等教育：师范教育—教育政策”标引。

⑥当一份档案中有两个或两个以上的主题，组配时可能产生假联系时，可以加关联符号区分不同的主题。其做法是：在主题词后用数字 1、2、3……表示分组符号，数字相同的主题词是一组相关联的组配概念。数字中的“0”，称作共同联号，表示该主题词可以和该档案中标引的任何一个主题词进行组配。

例如：对“关于青浦区水稻种植和棉田作物管理的情况调查”进行标引

第一步，主题分析。该档案共论述两个主题，第一个主题是“水稻种植”，第二个主题是“棉田作物管理”，两个主题之间是并列关系。因此该档案的主题因素是“水稻种植”和“棉田作物管理”。

第二步，查表选词。通过查表可以获得“水稻”“种植”“棉花”“田间管理”这些相关的主题词。如果不采取适当的方法，直接将这些标引词罗列的话，可能会出现以下组配情况：水稻种植、棉花种植、水稻田间管理、棉花田间管理等，产生与原来的主题不相符合的假联系。因此，需要使用关联符号以区分不同的主题。最终的标引结果为“水稻1，种植1，棉花2，田间管理2，青浦区0”。

⑦组配的结果应概念清楚，含义确切、专一，逻辑合理。当组配有可能产生歧义时，应改用上位词或近义词标引，或采用关键词标引。

例1：对“玩具餐具”进行主题标引

用“玩具—造型—餐具”组配，增加辅助标引词以使词意确切。

4.3.5.3　靠词标引

当某一主题概念在词表中找不到专指主题词，也无法通过组配的方法表达主题概念时，可以采用靠词标引的方法。靠词标引有以下两种方式：

(1) 用上位概念主题词进行靠词标引。依据词族索引选用最直接的上位概念主题词进行标引，不应使用越级上位主题词标引。

(2) 用近义词进行靠词标引。依据范畴索引选用与主题概念含义最相近的主题词进行标引。

例1：对“关于进一步抓好白兰瓜种植的通知”进行主题标引

第一步，主题分析。该档案的主题概念是“白兰瓜”“种植”。

第二步，查表选词。发现词表中有“种植”这一专指词，但并没有“白兰瓜”这一专指词。如果只标引“种植”，将会使得主题概念非常宽泛。因此考虑用“白兰瓜”最直接的上位概念主题词进行靠词标引。显然，白兰瓜属于蔬菜类，但是蔬菜并非其最直接的上位概念主题词，利用词族索引并结合主表，查到以下结果：

Gua lei shu cai
瓜类蔬菜　〔MBI〕
　F 冬瓜
　　黄瓜
　　南瓜
　　丝瓜
　S 蔬菜*

显然，白兰瓜与冬瓜、黄瓜等属于同一个层次，而冬瓜、黄瓜都是瓜类蔬菜的下分主题词，因此，用“瓜类蔬菜”作为“白兰瓜”最直接的上位概念主题词，可以用此作为标引词。最终标引结果为“瓜类蔬菜—种植”。

例 2：对“关于吸引外商投资的规定”进行主题标引

第一步，主题分析。该档案的主题概念为“外商投资”。

第二步，查表选词。通过查表，发现词表并没有“外商投资”，也没有“外商活动”。但有“外国投资”，它在词表中的显示如下：

Wai guo tou zi
外国投资 〔EA〕
　S 投资
　C 外资
　　外资企业
　　资本输出

“外商投资”与“外国投资”语义相近，因此可以用“外国投资”作为标引词。最终的标引结果为“外国投资”。

需要注意的是，由于靠词标引一般使用上位概念和近义词来表达标引的对象，这样就有可能在表达概念的内涵和外延上与要表达的标引对象有所差别，从而降低了查准率。因此，靠词标引要慎用。

4.3.5.4 自由词标引

自由词标引又称增词标引或关键词标引。自由词（关键词）是主题词表以外的、未经规范化处理的自然语言语词。使用关键词标引应严格控制，在下列情况时可以采用：

（1）某些概念若采用组配，其结果出现多义时。

（2）某些概念虽可以采用靠词标引，但这些概念的被标引频率较高时。

（3）对词表中明显漏选的词进行主题标引，包括词表中未收录的地名、人名、机构名、产品名等专有名词。

（4）表达新生事物的词。比如黑客、电子商务、可持续发展等。关键词应尽可能选自其他词表或较权威的参考书、工具书，选用的关键词应达到词形简练、概念明确，实用性强。使用关键词标引后，应加以记录，并反馈到所用档案主题词表的管理部门。

4.3.6 档案主题标引实例

例 1：对“建设部关于进一步加强城市规划工作的通知”进行主题标引

主题分析：单元主题。

标引结果：城市规划。

例 2：对“关于分配计划用电指标的通知”进行主题标引

主题分析：单元主题。

标引结果：用电管理—计划分配。

说明：词表中没有“计划用电”这一词，所以用“用电管理—计划分配”这一限定组配形式表示。

例 3：对“国务院转批商业部关于多购夏粮和减少进口粮的报告”进行主题标引

主题分析：多主题。

标引结果：①粮食收购—夏收；②粮食—进口量。

标引说明：加上“夏收”，强化专指度。由于词表中并没有能够表达“进口量”这一主题概念的专指词，故用“粮食”和“进口量”进行组配。

例 4：对“国务院关于科技人员合理流动的若干规定”进行主题标引

主题分析：单主题。

标引结果：①人才流动—科技人员—规定；②科技人员—人才流动—规定。

标引说明：“人才流动”与“科技人员”均具有检索意义，故予以轮排。

例 5：对“国务院关于严格控制货币投放，积极组织货币回笼的通知”进行主题标引

主题分析：多主题，此外还有隐含主题。

标引结果：①货币发行—金融管理；②货币回笼；③宏观调控。

标引说明：该档案隐含有国家宏观调控这一主题，予以标引，以提高标引的质量。

例 6：对“关于严格禁止在旅游业务中私自收受回扣和收取小费的规定”进行主题标引

主题分析：此处不能省略文件类型因素。

标引结果：旅游业—不正之风—法规。

标引说明：词表中有“旅游业”“旅游服务”“旅游管理”“旅游规章”等词，但是没有回扣和小费，该文件旨在纠正旅游业务中的不正当行为，维护我国旅游声誉，收受回扣、收取小费可以用“不正之风”概括，采取靠词标引的方法。

例 7：对“湖北省关于提高部分专业技术人员工资的通知”进行主题标引

主题分析：单主题，“提高工资”这一主题应当体现出来。

标引结果：科技人员—标准工资—调整工资。

标引说明：词表中没有“专业技术人员”这一词，却有“科技人员”，两者意义相近，因此采用靠词标引，将“专业技术人员”转换为“科技人员”。

例8：对“关于印发深圳市物业管理统计报表制度的通知”进行主题标引

主题分析：复合主题，位置因素最好不省略。

标引结果：物业管理—统计报表制度—深圳。

标引说明：词表中没有“物业管理”这一主题词，现今“物业管理”使用频繁且稳定，因此作自由词标引。“深圳”作为位置因素，不省略。

例9：对“关于接待日本横滨市农业技术交流团的计划”进行主题标引

主题分析：单主题。

标引结果：农业—中外科技交流—横滨市。

标引说明：词表中没有“农业技术”“农业技术交流”等主题词，而“对外交流”又缺乏专指度，所以用“农业”与“中外科技交流”进行组配标引。

例10：对“国务院关于加强化肥、农药、农膜经营管理的通知”进行主题标引

主题分析：多主题。

全面标引：①化肥—经营管理；②农药—经营管理；③农用薄膜—经营管理。

整体标引：农业生产资料—经营管理。

标引说明：该档案同时叙述了三个并列主题，如果进行浅标引，三个主题可以概括为“农业生产资料经营管理”。

本节实习题

使用《中国档案主题词表》进行主题标引：

1. 关于制止通货膨胀的指示
2. 关于搞活农村经济几个问题的意见
3. 关于扩大棉花种植面积和提高玉米收购价格的通知
4. 关于全面清查土壤资源利用情况并制定土壤改良规划的通知
5. 加强民航保卫工作，严防劫机事件发生
6. 多媒体技术在教师授课方面的应用

7. ××公司关于基本建设所需材料的报告
8. 沈阳市中等技术学校 1996 年毕业生统一分配方案
9. 江泽民主席出访俄罗斯的谈话纪要
10. 关于煤田勘探开采的若干规定
11. 关于在春季节期间开展拥军优属活动和解决复员退伍军人安置遗留问题的通知
12. 关于将郊县部分民办教师转为公办教师的批复
13. 卫生部办公厅关于进一步完善甲型 H1N1 流感防控措施的通知
14. 关于将长江水引向黄河的建议
15. 南京地区经济技术协作试行办法
16. 国务院关于国家建设征用土地审批权限适当下放的通知
17. 关于调整铁路货物运输价格的通知
18. 关于做好北京市 1991 年农村人口出生率统计工作的通知
19. 关于开展煤矿安全生产隐患排查工作的报告
20. 关于切实加强农业基础建设，促进农民增收的若干意见

4.4　分类主题一体化标引

分类法和主题法是当前最主要的两种档案检索语言，它们在结构体例、组织方式和标记系统方面各不相同，具有不同的功能及应用。档案分类法以系统性见长，适于族性检索；档案主题法以直观性见长，适于特性检索。若能将二者结合，实现分类主题标引的一体化，就能同时从分类和主题的途径标引和检索档案，达到一次查表、一次标引、双重效果，从而减少工作量，提高标引速度。

分类号和主题词之间有着密切的概念对应关系，因此可通过词汇控制手段，将二者之间隐含的概念对应关系显示出来。具体来讲，就是对分类法和主题法的标识、参照、结构体例等实施统一的控制，将其有机地融合为一个整体，从而能同时满足分类标引和主题标引的需要。要实现档案的分类主题标引一体化，其关键是在兼容转换的基础上，编制出分类主题一体化词表。目前的分类主题一体化词表有 3 种。

4.4.1　分面叙词表

分面叙词表由分面分类表和字顺叙词表两部分构成，通过实施统一的词

形、词义和词间关系控制，实现这两种后组式语言的一一对应、相互指引和等值兼容。在功能上，分面叙词表具有分类法和主题法的双重功能，可以用于分类标引和主题标引，也可用于手检和机检。编制档案分面叙词表时，可参考我国已编制出版的分面叙词表，如《教育主题词表》《社会科学检索词表》《农业科学叙词表》《音像资料叙词表》等，具体有以下几种方式：

（1）编制全新的档案分类主题词表。这种分面叙词表通常由一部分面分类表和一部字顺叙词表组成，类目和叙词一一对应，两部分用分类号相连。新编词表可以不受旧表约束，采用最新的理论和技术，完全从检索系统的要求出发进行设计，性能优良。但这种词表结构较复杂，编制难度大，要注意充分利用现有检索语言提供的词汇和词间关系资料。

（2）将叙词表的范畴索引和词族索引合并，改造成严格的分类体系。叙词表的范畴索引是参照叙词表的类目设置并结合主题词特点编制而成的，具有分类法的体系结构。但范畴索引和词族索引仅是辅助查词的手段，不具备独立的分类标引功能，且叙词表范畴索引并不是非常的详尽，比如，有些大类虽然与分类法主表相同，但其下的二、三级类目划分标准并不一致；有些类目内容相同，但名称各异。因此，可以将叙词表的范畴索引进一步细分并与词族索引合并、改造，把所有叙词都纳入一个严格的分类体系中，再配上标记符号，使之在词形、词义方面得到统一控制，从而同时满足分类和主题标引及检索的需要，达到分类主题一体化的目的。

（3）将分类表的字顺索引改造成叙词表形式。在分类表的字顺主题索引款目中增加参照项，显示概念之间的关系，同时对分类表的类目进行严格的词形、词义和词间关系控制，使之既可用于分类标引又可用于主题标引。

4.4.2 分类主题词表

分类主题词表又称分类法—叙词表双向对照索引，其典型代表是《中国分类主题词表》。从标引查词（查类）和选词（选类）的方便性来看，分类法—叙词表对照索引优于单纯的分类表和叙词表，它可以作为中介词典用于两表的兼容互换，也可以作为独立的标引工具进行分类标引和主题标引。但这种对照索引有其局限性，在编制过程中存在一定的难度，表现在：

（1）对原表的依赖性大，其质量直接受原表质量的影响。

（2）参加对应的两表在先组度、专指度、选词等方面存在差异性，因此类号和词难以等价对应，常常是一个分类号对应于多个主题词，一个主题词对应于多个分类号，如此互相迁就，易削弱索引的功能。

（3）编制对照索引时，需对分类表、词表的现有词汇进行分析对应，必要时还要对标识形式进行改造，工作量大。

（4）分类法和叙词表的使用时间较长、范围较大，已形成一批固定的用户，因此，对照索引不太可能完全替代原表，原表的修订又必然影响到对照索引。

4.4.3　集成词表

集成词表（Integrated Thesaurus）是将某些特定主题领域的若干叙词表和分类表汇编而成的一种词表，可以用于联合分类标引和主题标引，实现分类表和叙词表之间的兼容与转换。如中国医学科学院编制的《〈中图法〉R 类与医学主题词表、中医药学主题词表对照表》，是以《中图法》R 类分类表为主干，与两部医学专业主题词表进行对应标引的。又如山西省图书馆主编的"对照索引系统"，是一部包括《中图法》《汉表》《科图法》《人大法》在内的大型集成词表。机读化集成词表的应用有助于中文文献的自动标引和自动分类。

我国的档案分类主题一体化可借鉴《中国分类主题词表》的做法，在对《中国档案分类法》和《中国档案主题词表》进行修订完善的基础上，编制两表的对照索引。

编制分类主题一体化词表时，除手工编制模式外，还可充分开发计算机技术，利用计算机自动编制一体化词表。通过对文献数据库中存在的大量人工标引记录进行加工整理，构建分类号与主题词的双向对照数据库，实现档案信息的自动标引和自动分类。

4.5　《中国分类主题词表》网络版的使用

《中国分类主题词表》(以下简称《中分表》)是《中图法》和《汉语主题词表》之间的对照索引式分类主题一体化词表，是为实现分类主题一体化标引、提高检索和标引工作效率而编制的分类语言和主题语言兼容互换工具。《中国分类主题词表》共收录分类法类目 52992 个，主题词 110837 条，主题词串 59738 条，入口词 35690 条，涵盖哲学、社会科学和自然科学、工程技术等各领域的学科和主题概念，是我国规模最大的分类主题一体化标引工具。

《中国分类主题词表》采用了"分类法—叙词表对照索引式"的分类主题一体化结构，分为两卷（两个表）。第一卷是《分类号—主题词对应表》，是

《中国分类主题词表》从分类到主题、从类号到叙词的对照索引体系。它以《中图法》的体系结构为主体，将《汉语主题词表》的主题词全部纳入《中图法》的分类体系中，并依据类目概念对应规则，把《中图法》所有类目都用主题词或主题词串对应标引出来。该卷分左右两栏编排，左栏是《中图法》的类表，右栏是与类目本身相对应的主题词或主题词串。其主要功能是进行分类标引和通过分类的途径查找主题词，进而进行主题标引（见图 4-4）。

C933	领导学	领导学 领导；领导思维学；领导系统；领导心理学；领导行为学
C933.1	领导体制 领导体制的原则和评价、各种领导体制、一长制、集体领导等入此	领导体制 领导体制—结构；领导体制—评价；领导体制—特征；领导体制—原则；一长制
C933.2	领导方法 领导艺术、领导思想、领导效能、各种领导类型、党政领导、行政领导等入此	领导方法 领导艺术；领导思想；领导效能 注：企业领导用企业领导入F272.91

图 4-4　分类号—主题词对应表款目格式

第二卷是《主题词—分类号对应表》，是《中国分类主题词表》从主题词到分类号、从标题到分类号的对照索引体系。它按主题词款目和主题词串标题的字顺排列，其后列出对应的一个或多个分类号。其主要功能是进行文献主题标引和通过主题查找相关的分类号，作为分类标引的辅助手段。

例如：大众化（文艺）

I021

D 群众化

D 通俗化

C 民族化（文艺）

《中国分类主题词表》的适用范围非常广泛，既能用于传统文献信息的标引和检索，又能对网络资源进行描述、组织和检索。2010 年，《中国分类主题词表》Web 版发布（访问地址：http：//cct.nlc.gov.cn）。它通过互联网技术为《中国图书馆分类法》《汉语主题词表》《中国分类主题词表》(以下简称 CCT) 的广大用户提供各类信息资源的知识组织、知识检索、学科导航和实时更新，是一个通用的数字型知识组织系统服务平台。具体提供如下服务：

(1) 提供各类知识内容、主题词、分类号的在线浏览、互动显示和多途径检索服务。

(2) 提供文献检索服务，可与多个 Web OPAC (联机公共检索目录) 连接，提供文献信息内容的多库实时检索和学科导航服务。

(3) 提供分类号和主题词的标引发送服务，把所需分类号或主题词快速发送到剪贴板中，供标引系统使用。

(4) 提供评论注释服务，对知识款目、主题词或类目从任何角度添加评注，方便用户建立个人书签。

(5) 提供 CCT 第二版和数据实时更新服务，利用其网络更新系统、检索词统计系统和评注系统可实时更新 CCT 的数据，缩短 CCT 维护修订周期。

4.5.1　系统界面

在地址栏上输入网址 “http：//cct. nlc. gov. cn”，搜索便可转至《中国分类主题词表》Web 版的登录界面 (见图 4-5)。使用登录名 “nlcuser”、密码 “nlcuser”，可直接登录进入主页面。

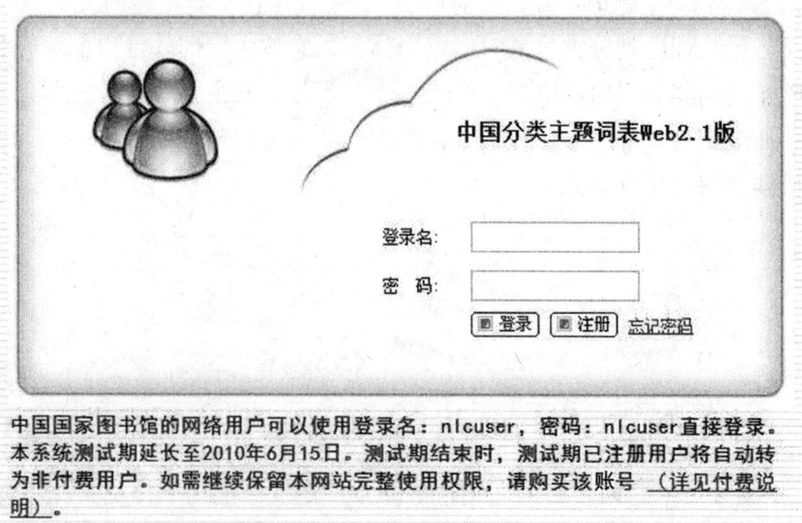

图 4-5　《中国分类主题词表》Web 版登录界面

4.5.1.1 主页面

初始主页面（见图 4-6）分上下两栏，上栏为检索途径、用户个人使用功能设置及管理；下栏分左右两栏，左栏为“《中图法》及与主题词对应表”，即“分类号—主题词对应表”，右栏初始页面为“《中分表》Web 版使用说明”，选定类目或主题词后，页面变为“《汉语主题词表》及与分类号对应表”，即“主题词—分类号对应表”。利用检索栏检索时，主页面还会出现检索结果栏。

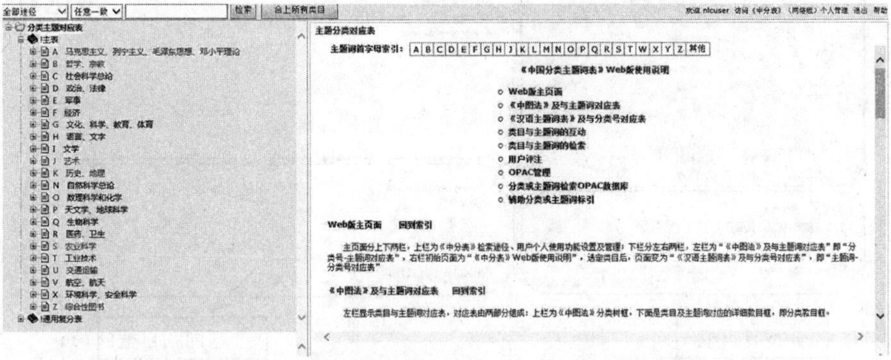

图 4-6 《中国分类主题词表》Web 版初始主页面

4.5.1.2 《中图法》及与主题词对应表

对应表由两部分组成：上栏为《中图法》分类树框，下栏是类目及主题词对应的详细款目框，即分类款目框。

分类树框包括主表和通用复分表。主表根节点下的一级节点为《中图法》的 22 个大类，通用复分表根节点下的一级节点为 8 个通用复分表。所有类节点的组成元素从左向右依次为：展开（+）/折叠（-）节点符、类目的性质图标、类号和类名。点击展开/折叠符，可显示各级类目。选中类目后，分类款目框中会出现相关内容，同时在主题分类对应表中显示相应的主题词。例如，从主表中查找并选择“保管与典藏”（见图 4-7）。

分类款目框用来显示分类体系的微观结构，包括类号、类名、类目注释以及类目对应和包含的主题词，横线下为本分类款目记录的控制号（以大写字母 C 开头），标引评注。注释中的类号、对应主题词等均可超链接（字体是蓝色）。点击类号，可定位到分类树该类目节点；点击主题词，可定位到该主题词款目。

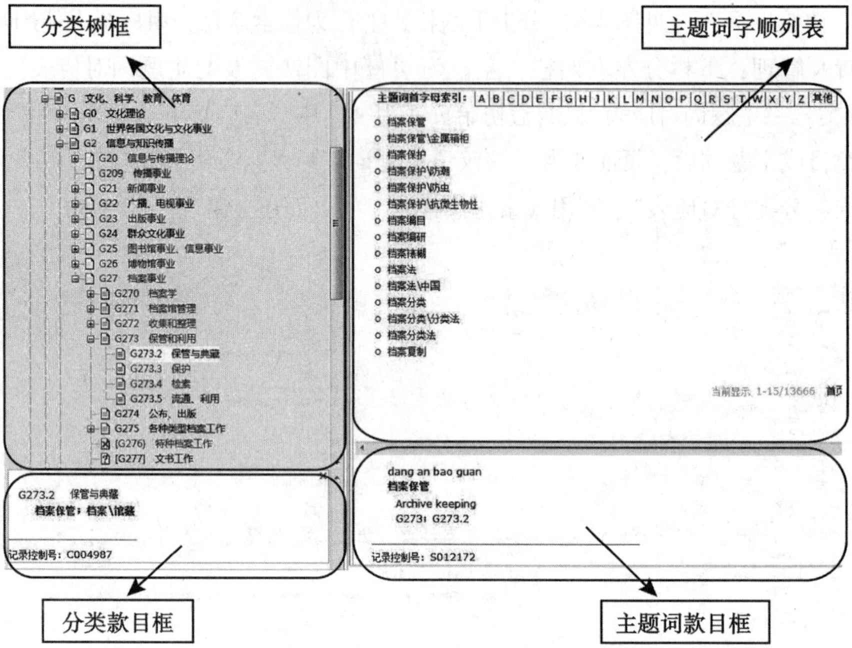

图 4-7　从主表中查找并选择“保管与典藏”

4.5.1.3　《汉语主题词表》及与分类号对应表

对应表由两部分组成：上栏为主题词字顺列表，下栏为主题词款目框。

主题词字顺列表将主题词表的所有主题词按汉语拼音排列，归到 26 个字母组中；非汉字开头的主题词排在末尾，归到“其他”组下。通过点击或从其他部分定位可选择当前主题词。点击本栏上方的字母列表可以浏览对应字头的主题词，也可以通过检索或从分类表定位主题词。当定位到一个主题词时，主题分类对应表显示与该词相关的内容，同时系统将按该主题词的第一个对应分类号定位分类表中该分类节点。例如，检索“内部审计”，然后单击检索结果“中文主题词”框中的“内部审计”，将得到如图 4-8 所示的结果。

主题词款目框显示当前主题词的款目内容。包括：主题词汉语拼音、款目主题词、注释、主题词英译名、对应分类号、参照关系词〔包括：代(用)、属、分、族、参〕、主题词款目记录的控制号（以大写字母 S 开头）、评注等。其中，对应分类号和参照关系词均为超链接（字体是蓝色），点击类号，可定位到分类树该类目节点；点击主题词，可定位到主题表字顺列表的该主题词。

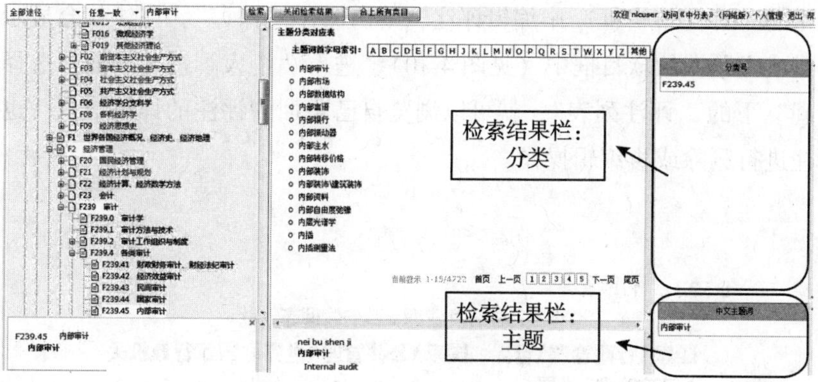

图 4-8 检索并定位"内部审计"

4.5.1.4 个人管理界面

在此界面（见图 4-9），用户可以进行系统的管理，包括"评注管理"和"OPAC"管理。

图 4-9 《中国分类主题词表》Web 版个人管理界面

（1）用户评注。《中国分类主题词表》Web 版设计了"评注"功能，用户可以将"评注"加在分类款目和主题词款目上，成为特定用户对分类表和主题词表使用的特殊规定，相当于个人书签。具体操作如下：选中要添加评注的类目名或者主题词，单击鼠标右键，在弹出的菜单栏中选择“添加评注”，在弹出的“评注编辑框”中编辑评注，单击保存“保存”，评注就会显示在相关类目或主题词的款目框中（见图 4-10）。进入“个人管理”界面，选择“评注管理”下的“评注列表”，就可以浏览自己添加的评注的详细信息，也可以对评注进行删除或再编辑操作。

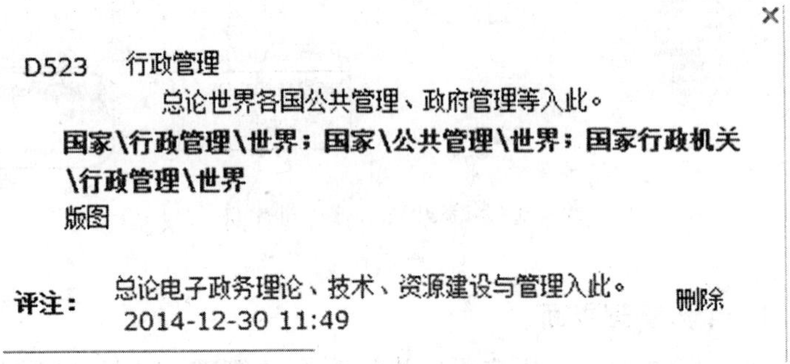

图 4-10　用户评注编辑显示

（2）OPAC 检索。《中国分类主题词表》Web 版可与多个 Web OPAC（联机公共检索目录）链接，实现文献信息内容的多库实时检索。具体操作如下：将鼠标移到分类或主题款目框的分类号或主题词上，点击右键，在出现的菜单框中选择相对应的 OPAC 名称，系统会自动将分类号或主题词加到该 OPAC 检索式，对选定的 OPAC 数据库实施检索，检索结果显示在新的窗口或选项卡中。例如，选中主题款目框中的“档案保护”，点击右键选择“国家图书馆中外文分类检索”OPAC 数据库后，系统将自动跳转并实施检索，检索结果如图 4-11 所示。此外，用户可以进入“个人管理”界面，选择“OPAC 管理”下的“OPAC 列表”，如图 4-12 所示，进行地址的删除、再编辑或添加。

4.5.1.5　窗口之间的互动

利用检索途径进行检索的时候，检索结果栏会出现与检索条件相符合的检索结果，选中某个类或某个主题词，《中图法》及与主题词对应表、《汉语主题词表》及与分类号对应表都会互动到相关的位置，准确重构出相应的语义图和类目树，为一体化标引提供了选择判断等捷径。而超链接的设置，使得表

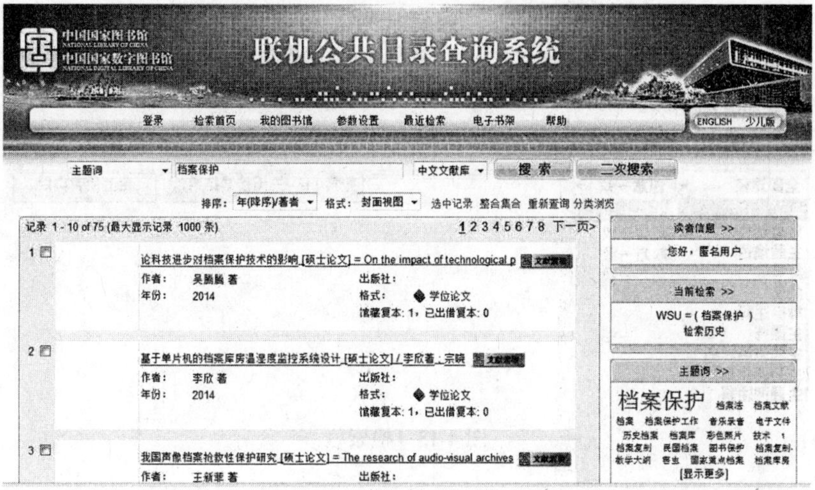

图 4-11　利用 OPAC 数据库检索“档案保护”

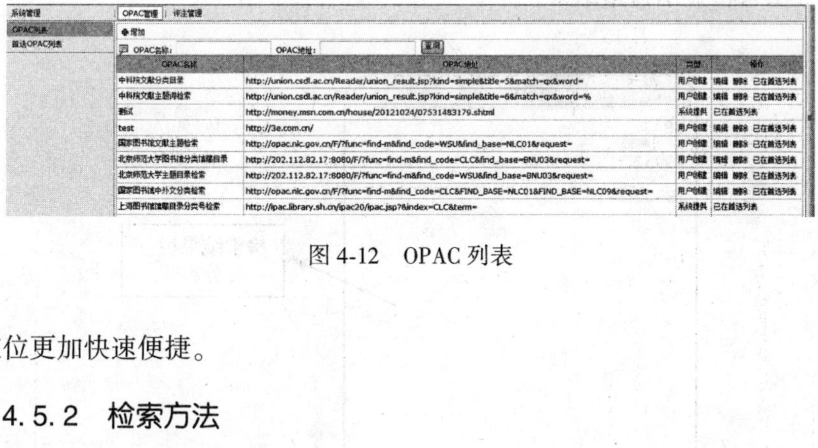

图 4-12　OPAC 列表

内定位更加快速便捷。

4.5.2　检索方法

4.5.2.1　检索栏的指定检索

利用《中分表》进行分类主题一体化标引时，可利用“分类号—主题词对应表”子窗口，通过分类号查找对应的主题词，层层展开类目，直到找到相应的分类号为止；或利用“主题词—分类号对应表”子窗口，通过主题词查找对应的分类号；也可以通过主窗口中“全部途径”进行分类主题一体化标引。

检索栏是输入检索词的地方，如图 4-13 所示。由检索途径下拉列表、匹配方式下拉列表、检索项输入域、检索按钮、关闭检索结果按钮、合上所有类目按钮组成。《中分表》Web 版提供了 10 个检索途径，分别是全部途径、分类途径、主题途径、类号、类名、类目注释、主题词、主题词英译名、主题词拼音、主题词注释等。匹配方式一共有 4 种，分别是任意一致、完全一致、前方一致和后方一致。

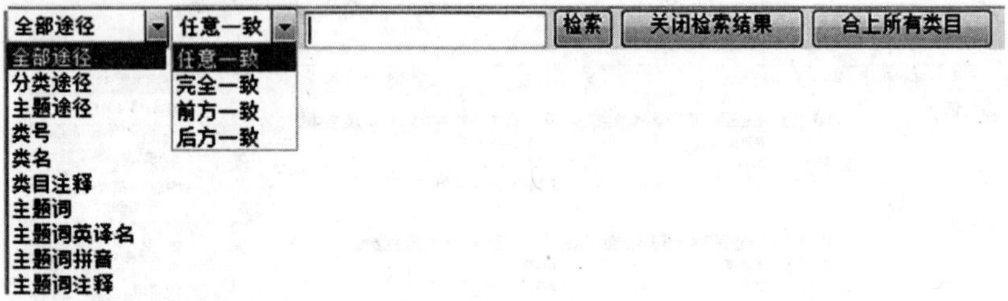

图 4-13　检索栏

选定检索途径、匹配方式，输入检索词后，点击“检索”按钮即可进行检索。检索执行完毕后会出现检索结果栏，它的上部分是分类检索结果栏，下部分主题检索结果栏，如图 4-14 所示。当分别执行分类或主题检索时，则只在相关结果栏显示检索结果。

图 4-14　检索结果栏

4.5.2.2 检索实例

例如：利用《中国分类主题词表》Web版标引“第12届亚运会羽毛球比赛成绩”

第一步，主题分析。属于体育类，入“球类运动类”。提炼出的主题概念有“羽毛球比赛”“亚运会”“比赛成绩”。

第二步，查表选择主类号（见图4-15）。在检索栏上选择“全部途径”“任意一致”，输入检索词“羽毛球”，点击检索按钮，得到检索结果。由检索结果可知，在中文主题词中有“羽毛球运动”这一关键词，点击“羽毛球运动”，分类主题对应表和主题分类对应表定位到“羽毛球”，从主题款目框中可知“羽毛球运动”属于正式主题词，由此获得分类号G847，以及主题词“羽毛球运动”。此外，也可以依次点击G-G8-G84-G847获得分类号。

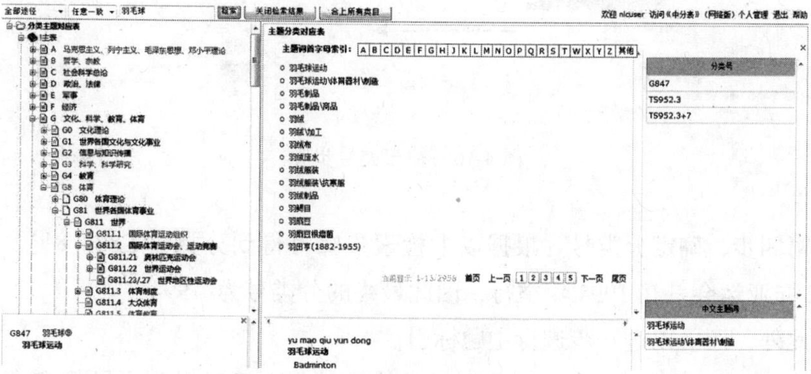

图4-15　检索“羽毛球”

第三步，补充类号。展开“G82/89各项体育运动”，“成绩记录”用“8”；选择“成绩记录”。根据对应的分类款目框提示展开“7运动会、运动比赛”，“运动会”用“1”。选择“71运动会”，根据其分类款目框提示“仿G811.2分”，点击“G811.2”进行超链接，将分类表定位到该位置，展开“G811.2国际体育运动会、运动竞赛”，选择其下的“G811.23/.27世界地区性运动会”，根据其分类款目框的提示，点击“世界地区表”进行定位，展开“世界地区表”，“亚洲”用“3”，如图4-16所示。

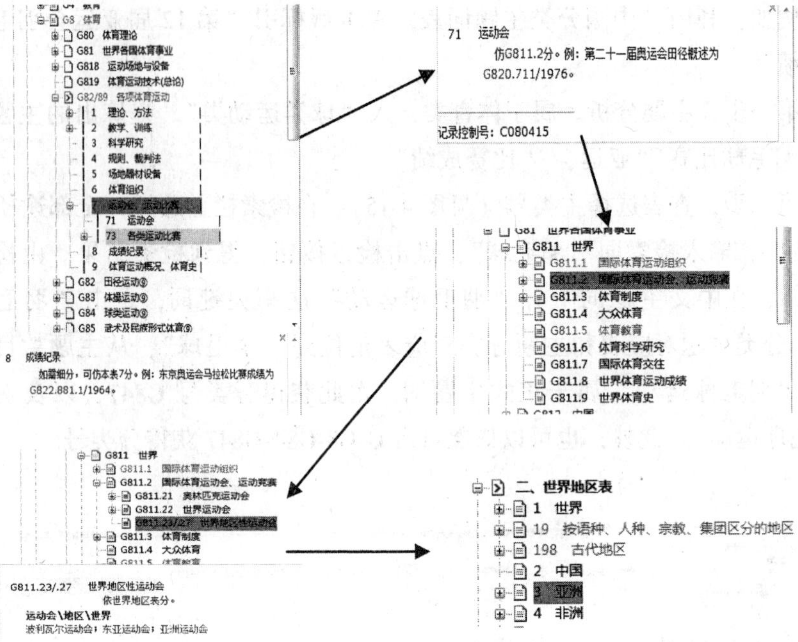

图 4-16　补充类号步骤

第四步，确定分类号。根据以上检索步骤可得到分类号 G847. 813，由于第 12 届亚运会是在 1994 年举行，因此最终的分类号为/1994。

此外，还可以进一步进行主题标引。

第一步，利用之前的主题分析以及检索结果，可以得到主题概念“羽毛球比赛”“比赛成绩”“亚运会”，由之前的检索结果，可以得知“羽毛球运动”是一个正式主题词。

第二步，用“主题途径”“任意一致”匹配方式检索“成绩”，得到以下结果。“成绩”范围太广，参考款目框的注释，“运动成绩”更加符合，如图 4-17 所示。

第三步，用“主题途径”“任意一致”匹配方式检索“亚运会”，得到以下结果。“亚运会”并非正式主题词，应用“亚洲运动会”，如图 4-18 所示。

第四步，确定主题标引。在这里时间因素不可省去，最终的主题标引结果为“羽毛球运动—运动成绩—亚洲运动会—第十二届—1994”。

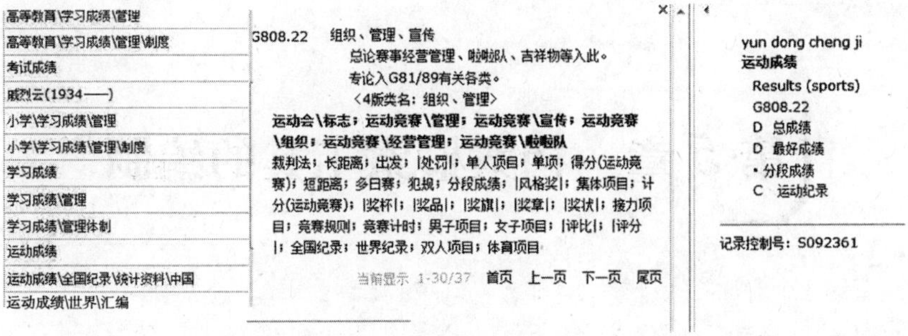

图 4-17 主题检索“成绩”

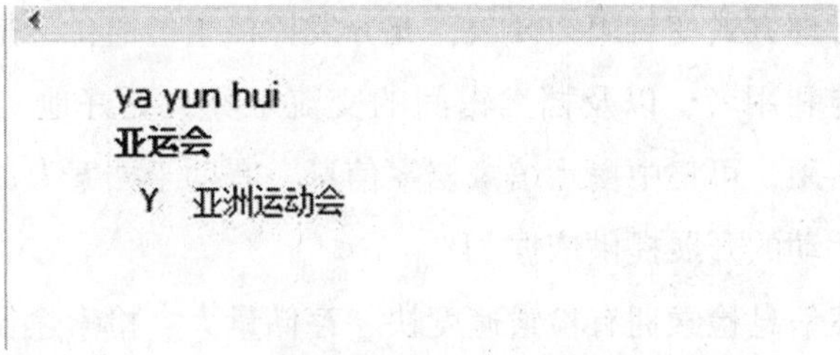

图 4-18 “亚运会”款目框

本节实习题

利用《中国分类主题词表》网络版进行标引：

1. 大学生体制调查
2. 地下水污染的预防
3. 纳西民族经济发展状况调查
4. 1992 年内蒙古统计年鉴
5. 大气污染对档案保护的影响

第 5 章 档案检索工具的编制

任何档案检索工具都具有存储和检索档案信息两种基本职能，具体表现为以下作用：一是检索作用，利用者可以按照一定的检索方法，从检索工具中查找所需的档案材料；二是报道作用，可向社会宣传和介绍馆藏档案的具体情况，使档案的管理方式变封闭为开放，充分发挥档案价值；三是交流作用，可成为档案机构与利用者，以及档案馆间的交流工具，更好地实现档案资源共享；四是管理作用，可集中揭示馆藏档案信息，有助于档案人员熟悉馆藏，为档案管理业务活动的开展提供依据。①

计算机档案信息检索拥有检索速度快、存储量大、检索途径多、检索效率高等优势，正逐渐取代传统的手工检索，占据主导地位。在信息化的环境下，建立科学合理的档案检索工具体系，是了解、开发和利用档案信息资源的重要保障。目前，科怡档案管理软件被广泛应用于企事业单位的档案管理工作，本章以该软件为平台，详细介绍档案检索工具的编制过程。

5.1 实验目的

（1）了解档案检索工具的种类和特点。

（2）掌握卷内文件目录与案卷目录、专题目录与专题指南、全宗指南的编制方法。

---

① 肖秋会．档案信息检索［M］．武汉：武汉大学出版社，2013：127-128.

5.2　实验内容

（1）编制卷内文件目录与案卷目录。

（2）编制专题目录与专题指南。

（3）熟悉《全宗指南编制方法》（DA/T 14—2012），编制全宗指南。

5.3　卷内文件目录与案卷目录的编制

5.3.1　卷内文件目录的编制

卷内文件目录是以案卷为单位、系统登录卷内文件的题名及其他特征并固定其排列顺序的检索工具，它能够巩固档案实体系统整理的成果，反映卷内文件的基本情况，是检索具体档案文件的重要工具。卷内文件目录的项目一般包括：顺序号、文号、责任者、题名、日期、页号、备注。文书档案立卷改革后，保管单位改“卷”为“件”，文书档案卷内文件目录被归档文件目录所取代，所录项目有所改变，但其作用不变。具体编制程序如下：

步骤1：打开科怡档案管理软件，点击“档案管理”→“档案录入”，或者“检索”→“档案检索”，这两种途径均可编制档案检索工具。以下操作均在“档案录入”界面进行，如图5-1所示。

步骤2：进入“档案录入”界面后，首先选择某一档案门类，如科技档案；再选定某一项目中的一条案卷记录，点击“报表”，会出现子目录；再点击选取卷内文件目录（见图5-2）；弹出报表打印对话框（见图5-3）；选中“全部记录”，再点击“确定”，即可产生卷内文件目录（见图5-4）。

然而，由于文书档案是按“件”管理，各机构组织普遍采用“简化方法整理”对文书档案进行著录，因此，其编制过程如下：首先，选择“文书档案”→“简化方法整理”，通过简单查询，对归档年度、保管期限、件号进行限定，筛选出需要的记录；其次，点击报表，选定子项目中的“归档文件目录”（见图5-5）；最后，单击确定，即可产生归档文件目录（见图5-6）。

图 5-1　系统界面

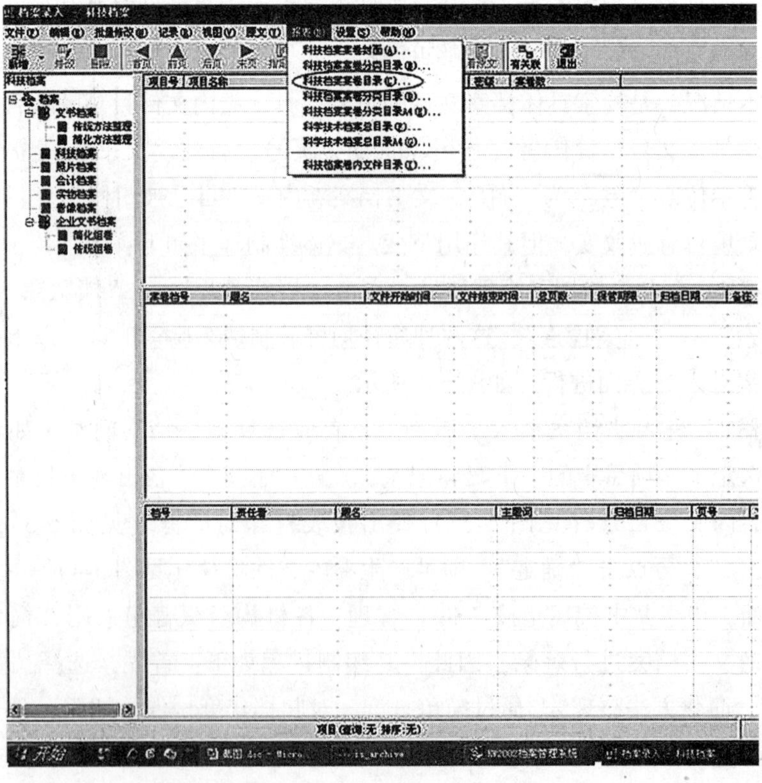

图 5-2　选定“卷内文件目录”

图 5-3 打印对话框

卷内文件目录

顺序号	文 号	责任者	题 名	日期	页号	备注

图 5-4 卷内文件目录

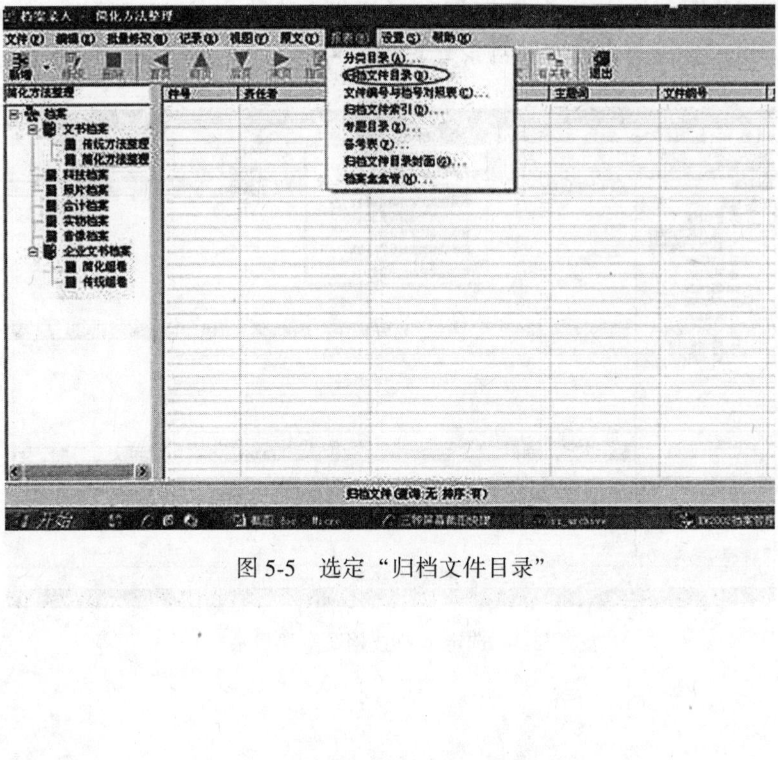

图 5-5 选定“归档文件目录”

归档文件目录

件号	责任者	文　号	题　　名	日期	页号	备注

图 5-6　归档文件目录

5.3.2　案卷目录的编制

案卷目录即案卷名册，是在档案实体整理过程中，对案卷进行排列与编号后，将案卷号、案卷题名及其他特征进行系统登记的检索工具。其主体是案卷目录表，基本项目包括：案卷号、案卷标题、案卷起止日期、卷内文件页数、保管期限和备注等。案卷目录的主要作用是：固定全宗内档案分类体系和案卷排列次序，反映和巩固档案整理工作成果；揭示全宗内档案内容与成分，是查找、利用档案的基本检索工具；是案卷清册和总账，便于档案的统计和安全保管。以科技档案案卷目录为例，介绍其编制方法：

选定一个项目，点击“报表”，会出现子目录；再点击选取“科技档案案卷目录”(见图 5-7)；弹出报表打印对话框，选中“全部记录”；点击“确定”，即可产生该项目的案卷目录（见图 5-8）。

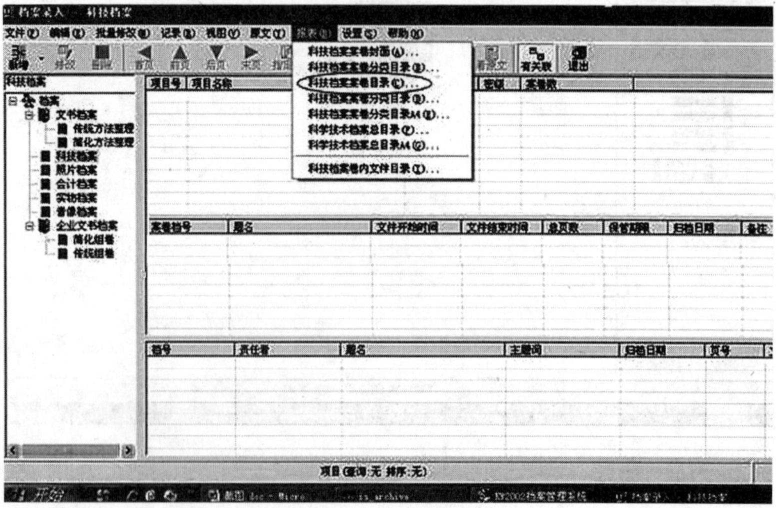

图 5-7　选定“科技档案案卷目录”

档　号	题　　名	起止日期	页数	保管期限	备注

图 5-8　科技档案案卷目录

5.4　专题目录与专题指南的编制

5.4.1　专题目录的编制

档案专题目录是集中揭示有关某一专题档案内容的检索工具。它不受全宗的限制，有利于按专题查找档案材料，对于科学研究、解决某些专门问题很有帮助，是档案部门进行定题定向服务的有效工具。其编制方法如下：

5.4.1.1　选题

根据党和国家各项工作的需要、利用者的某一特定需要，从本馆所藏档案材料的具体情况出发，选择具有现实利用价值的专题。选题是决定专题目录能否产生较大效益的关键，分被动选题和主动选题两种方式。

被动选题是根据主管部门下达的任务或有关部门提出的委托进行选题；主动选题是根据当前的中心工作、社会生活的重大事件、科学研究中的重大课题及各项工作的具体要求，结合本馆所藏档案状况和人力、物力等自主选题。选题的基本原则是要尽量满足当前的利用需要，反映馆藏特色，以重大课题为主，兼顾一般要求，具有一定的研究意义，并量力而行。

5.4.1.2　选材

有关某一题目的档案数量往往很多，这些档案可能涉及好几个全宗，各全宗中含有该专题的档案的数量和角度不同，需要从中挑出能反映专题本质的有价值的材料，既不遗漏相关档案，又防止充塞许多对本专题意义不大的档案。可以利用现有的检索工具选材。

5.4.1.3　著录

对选好的材料进行著录，也可借用分类目录中的卡片。

5.4.1.4　排列

一般按分类号排列，也可按时间、地区等标准排列，根据所收档案的特点而定。

例如，上海港口发展档案专题目录。该专题目录首先按时间顺序，将档案分为新中国成立前上海港的建设与规划、新中国成立后上海港的建设与规划两大部分，每部分从港口的机构组织、港口规划与设计、港口建设、港口管理、港口生产经营和港口沿革与概况六个版块进行介绍，每个版块内部再按照时间先后进行排列，如图 5-9 所示。

5.4.2　专题指南的编制

专题指南是综合介绍档案馆馆藏中、某一特定题目的档案成分和内容的一种工具书，不受全宗限制。它把若干全宗中有关某一题目的档案集中到一起，以便于利用者直接了解某档案馆或若干档案馆中有关某题目档案的信息，为查检利用相关档案提供向导。专题指南的选题一般根据利用者的需要和馆藏情况而定，因使用目的、对象的不同，选题、选材、介绍方法及出版发行等亦有所不同。

专题指南一般由序言、档案内容与成分介绍、索引等部分组成。序言说明编写目的、原则、方法和所依据的材料。档案内容与成分介绍是指南的主体，一般根据所收档案多少和内容繁简，按问题性质，或档案种类，或年代等分为若干层次和大小题目，组成章节体系，分别描述档案的来源、内容、种类、载体形式、可靠程度、形成时间和数量等情况，并适当指明档案所属全宗和所藏档案馆。较大的专题指南都编有人名、地名等索引和目次。

后文是一条专题指南示例①。

① 倪红，戴志强．民国时期上海港建设档案介绍［EB/OL］．［2014-12-20］．http：//www. archives. sh. cn/dazn/ztzn/201203/t20120313_5599. html.

（一）新中国成立前上海港的规划与发展		
1.港口的组织机构		
文 件 名 称	**时 间**	**档 号**
上海港务整理委员会第 1 、 6 次会议记录	1946	Q1-17-178-188
上海港务整理委员会成立周年的工作措施报告	1946	Q131-1-78-1
上海港务整理委员会第 5 次会议记录	1946	Q131-1-42-97
上海港务整理委员会第 8 次会议记录	1946	S149-2-110-8
上海港务整理委员会第 10 次会议记录	1946	S149-2-110-54
打捞沉船计划委员会会议记录	1946	Q5-3-5524-41
上海港务整理委员会第 16 次会议记录	1947	Q131-1-43-138
上海港务整理委员会第 19 次会议记录	1947	Q131-1-44-31
上海港务整理委员会第 26 次会议议程		S149-2-110-135
上海港务整理委员会第 26 次会议记录	1947	Q131-1-45-20
上海港务整理委员会第 29 次会议记录	1947	Q131-1-45-83
上海港务整理委员会第 31 次会议记录	1947	Q131-1-46-41
上海港务整理委员会第 32 次会议议程	1947	Q5-3-5527－22
上海港务整理委员会第 33 次会议议程	1947	Q131-1-46-59
上海港务整理委员会第 34 次会议议程	1947	Q5-3-5527－46
上海港务整理委员会第 35 次会议议程	1947	Q5-3-5527－50
上海港务整理委员会第 36 次会议议程	1947	Q5-3-5527－16
上海港务整理委员会第 36 次会议记录	1947	Q131-1-46-79
交通部关于指派代表为上海港务整理委员会委员事致上海市轮船商业同业公会的训令	1947	S149-1-118-1
上海港务整理委员会第 38 次会议议程	1947	Q5-3-5527－81
上海港务委员会组织大纲草案	1947	Q5-3-5527－5
上海港务整理委员会第 44 次会议记录	1948	Q131-1-49-43
上海港务整理委员会第 46 次会议议程、会议记录	1947	Q131-1-49-69
上海港务整理委员会第 46 次会议记录	1948	S149-2-110-137
上海港务整理委员会第 47 次会议议程、会议记录	1948	Q131-1-49-107
上海港务整理委员会第 49 次会议议程	1948	Q1-17-179-95
上海港务整理委员会第 51 次会议记录	1948	Q131-1-50-70
上海港务委员会组织大纲草案说明		Q5-3-5527－1
2.港口规划与设计		
文 件 名 称	**时 间**	**档 号**
上海特别市政府关于上海新都市建设计划概要及改订要纲事与上海恒产股份有限公司的来往文件	1944	R1-9-457-1
上海港务整理委员会第 36 次会议记录	1947	Q5-3-5527－34
上海市工务局及有关主管机关举行港口区域座谈会记录	1947	Q1-11-679-118
蕴藻浜新港地位计划图	1947	Q1-11-679-141
吴淞港口计划初步研究报告	1947	Q1-11-679-136
上海市都市计划委员会有关上海港口计划事致水利部、交通部的咨文	1947	Q1-11-679-108
上海市政府关于张华浜新港计划书及图样事与工务局的来往文件	1948	Q1-11-557-1
上海市都市计划委员会关于上海市区铁路计划、上海港口计划初步研究报告、上海市绿地系统计划报告	1948	Q217-1-19-2
上海港港口调查报告		U38-2-1673-27
上海港现状报告及未来港口计划		U1-14-687-8

图 5-9 上海港口发展档案专题目录（部分）

民国时期上海港建设档案介绍

[背景材料]

上海地区河网纵横，水运便捷，早在西晋之前入海口就有渔业生产和水上军事活动。自从隋唐两朝在上海设县以后，上海商港开始逐渐形成。由于当时吴淞江是上海的主要水道，因此最早的港口位于吴淞江支流顾会浦通达的华亭镇及吴淞江入海口的青龙镇，在宋代华亭镇与青龙镇都曾经是上海重要的对外贸易口岸。后来由于吴淞江的淤积情况日益严重，吴淞江南岸的支流上海浦（后并入黄浦江）逐渐变成了上海的主要水道，来往的船舶寄锭下锚于今十六铺附近的江岸。明永乐初年，上海水系得到重新整治，形成了以黄浦江为主、吴淞江为辅的新航道。至明中期，经过多次整理，黄浦江变得壮阔，海轮可以直抵城下。借此优良航道，上海港控江襟海，成为南北海运中转的良港。

1840年（清道光二十年）爆发的鸦片战争，使中国的历史发生了重大转折，中国被迫向西方列强敞开大门，上海港成为最早开放的五口岸之一。开埠后上海港直接对外的有利条件使其较早地接触了西方资本主义商品经济及先进的物质文明，开始了港口近代化的历程。在开埠后10年间，我国对外贸易的重心就由广州转移到上海，上海港从此开始了作为中国第一大港的历史。

第二次鸦片战争之后，我国的长江和北方沿海港口相继对外开埠通商，由于上海港优越的地理位置，成为连接国内外航运的重要中转站。外商在华航运势力以上海为基地，建立了众多的航运公司，他们在上海建立了大量的码头，上海港港区扩展到虹口及浦东沿江地区。1906年至1920年上海港先后对黄浦江进行了大规模的航道整治，极大地改善了黄浦江的航行条件，满足了万吨轮进出港的需要，而且长期保持了稳定的状态。

到20世纪20年代，上海港在航道和码头设施、进出港货物吞吐量等方面开始达到国际贸易大港的水准。1928年上海港进出船舶净吨位已位居世界第14位，1931年跃居第7位，港口货物吞吐量达到1400万吨。1925年至1933年，经上海港完成外贸进出口货值平均占全国港口的55%，国内贸易货值平均占全国港口的38%。到1936年，全国拥有500总吨以上的航运企业共99家、船404艘，其中总部设在上海的有58家、船252艘；以上海港为始发港或中继港的航线总计在100条以上，上海港已是全国航运中心。

抗日战争爆发后，上海港被卷入战争的动荡之中，战争给上海港的发展带来严重破坏，特别是1941年太平洋战争爆发后，上海完全沦陷，上海港也随之成为由日军完全控制的殖民地港口，码头、仓库、装卸设备等均遭到严重的破坏。远东的金融、贸易、航运中心遂逐步由上海转移到香港。抗战胜利后，以上海港为中心的国内外航线得到了较快的恢复，客货运一度相当繁忙。但是，在国民党发动全面内战之后，上海港又转入衰败。

新中国成立后，揭开了上海港历史的新篇章。港口的主权回到了人民手中。港口建设得到了迅速发展。1957 年港口货物吞吐量达到 1649.4 万吨，超过新中国成立前的最高纪录；1966 年达到 3697.2 万吨，遥遥领先于国内其他港口。与此同时完善了港务监督系统，航道施工能力和施工技术在原有浚浦局的基础上有了进一步提高，形成了专业建港设计和施工队伍，建成了全国最大的港口机械制造厂，外轮理货和船舶检验的业务能力、范围和水平位居全国前列。党的十一届三中全会以后，上海港更进入了快速发展时期，尤其是浦东的开发开放，更是推进了上海港的腾飞。到 1999 年上海港已经稳居中国内地港口首位，集装箱年吞吐量 421.6 万国际标准箱，跃居世界第 7 位。进入 21 世纪之后，上海港在正确的发展战略指引下，正在大踏步地赶超世界先进的集装箱港口。

[档案分布]

馆藏历史档案中有关上海港方面的档案共 500 余卷，从其来源来看，主要涉及以下全宗：

上海市政府（Q1），上海市公用局（Q5），上海市社会局（Q6），上海市参议会（Q109），旅沪同乡会全宗汇集（Q117），上海市政府统计处（Q124），淞沪警备司令部（Q127），上海市警察局（Q131），上海市警察局闸北分局（Q145），上海市警察局提篮桥分局（Q149），上海市警察局新市街分局（Q153），上海市警察局新泾分局（Q155），上海市教育局（Q235），永安纺织有限公司（Q197），中国纺织建设公司（Q192），浦东塘工局（Q203），上海市公所（Q209），上海市港务局（Q211），上海市都市计划委员会（Q217），善后救济总署渔业善后物资管理处（Q460），上海市轮船运输业同业公会（S148），上海市轮船商业同业公会（S149），上海市内河轮船商业同业公会（S150），上海市转运报关业同业公会（S161），上海市渔轮商业同业公会（S382）等政府机构、工商业机构及同业公会档案全宗，案卷所属时间为 1920 年至 1954 年。

此外，还有零星材料散布在其他案卷之中。

[档案介绍]

馆藏中文历史档案中有关上海港档案的内容大致包括港口设施设备、港口工程、港政管理等方面。

一、港口设施

鸦片战争前，上海港设施处于半自然状态，1845 年，外滩沿江开始建驳船码头。19 世纪 60 年代后，轮船航运渐兴，外商相继建造浮趸轮船码头，其后方辟有堆场仓库，20 世纪开始在上海港内兴建钢筋混凝土结构的固定码头，万吨级泊位和多层宽容仓库时有建造，部分码头还采用吊机作业。至 20 世纪二三十年代，上海港设施已具备相当规模，跻身世界大港前列。馆藏相关档案的主要内容有：上海市政府关于调查码头、轮船设备文件；上海市政府关于市有码头设施文件；善后救济总署物资管理处关于码头设备管理及复兴岛码头设备文件；上海市渔市场关于港口内浮筒设置文件；上海市招商局船舶统计表；上海港口大全等文件。

二、港口工程

上海港的港口工程包括黄浦江整治、疏浚、码头工程、航道管理等方面。相关档案的主要内容有：

1. 航道管理。1920 年江苏省淞沪警察厅、上海宝山县知事批准上海浦滨公益会水上救生局成立专门办理黄浦江水上救生事宜文件。抗战胜利后，由于黄浦江上航行的巨轮汽艇经常发生任意高速航行的现象而造成激浪，致使其他船只相互相撞损坏，甚至发生船毁人亡的惨状，故上海市警察局发出“取缔黄浦江中轮船汽艇任意高速航行，而确保一般船只航行安全”的训令。1928 年上海市轮船商业同业公会为要求装置浮筒、整理黄浦江航道、确保黄浦江航道畅通事宜与江海关港务司等单位的往来函。1934 年上海市渔市场为黄浦江设置浮筒事与实业部及江海关往来函。实业部明确规定，黄浦江内浮筒一律归江海关所有，不得私设浮筒。欲使用者得向江海关承租。上海市政府严禁沿浦划船文件；上海市港务局关于上海市内木驳、划舢管理办法，航道秩序安全罚则；抗战胜利后上海市政府关于黄浦江船只避风区域、严禁沿浦停泊木筏文件、上海市社会局关于黄浦江及苏州河划船执行办法等文件。1930 年为了保障埋设在黄浦江水底电线的安全而绘制的通用机器公司闵行厂基附近黄浦江水道图，该图根据 1937 年以前浚浦局图复绘而成。

2. 黄浦江及苏州河疏浚。1929 年上海市政府关于疏浚高桥界浜港口、南浦江以及疏浚庆宁寺码头卷、老南码头、龙华嘴垃圾码头等文件。当时浦东高桥地区黄浦江淤沙严重，影响黄浦江中船舶行驶，而庆宁寺码头狭窄，不利于轮渡停靠，档案中有上海市政府关于疏浚工作的批示和调查材料等。抗战胜利后 1946 年上海市参议会关于疏浚黄浦江、苏州河议案，主要内容是抗战期间黄浦江、苏州河一直没有疏导与修理，以致河道淤塞、河床狭窄、码头腐朽，亟待清理疏浚。浚浦局为此将最近一年的工作成果及未来的黄浦江疏浚计划上报市参议会。抗战胜利之后上海市政府关于疏浚南市浦西沿江地带、码头区域、蕴藻浜、杨树浦港等文件。南市沿江一带由于淤塞严重，影响交通，亟待疏浚，但是浚浦局挖泥船有限，所以无法及时疏浚。由于八年抗战，沿浦各码头亟待疏浚，但浚浦局经费有限，无力承担大规模疏浚工作，拟向沿浦各码头开征疏浚费。由于杨树浦港的疏浚有利于灌溉、航运及居民饮水，故上海市政府决定对杨树浦港进行疏浚。

3. 码头工程。1916 年上海浦东塘工善后局规划沿浦公渡码头案。1919 年浦东塘工局关于建造浦东庆宁寺公共码头、西渡码头、永兴码头文件。

三、港政管理

鸦片战争以前，上海港的港政管理处于萌芽状态，市泊机构及江海关均以航政管理为主兼顾港政。1843 年上海开埠后，随着港口设施及规模不断扩大，港政管理的内容逐步增加，包括指泊、港口治安、管理码头建筑事务、管理沿浦岸线、防疫等。相关档案的内容主要有：

1. 港口规划。上海市公用局关于港务局新商港计划报告，1929 年上海市政府港务局制定的《上海新商港区域计划书》规定了上海新商港的范围为东沿黄浦江、南界鹅舸浦、西界中山北路，北界蕴藻浜，在此区域内将开挖船坞、仓库，并将修筑相应交通设施；上海市都市计划委员会关于上海市港口研究报告；上海市政府关于开放、调查港口文件；上海市政府关于防护港口规则；浦东塘工局关于考察上海港进出交通状况文件；上海市政府关于外国军舰驶入我领海、领空暂行规定；关于沿海港口开放及港口互惠条约等文件。

2. 港口治安。上海市警察局关于港口运输检查、航行规定、船舶管制训令；上海市警察局关于舰船非经准许不得进入港口的文件；上海市警察局关于水上警察与港口警察职权纠纷案件；上海市政府关于上海港口盗窃成风、秩序混乱，要求警察局严加管理，上海市港务整理委员会关于防止港内盗窃成风办法等文件。

3. 码头建筑及岸线管理。上海市港务局关于码头管理文件；上海市公用局关于在日晖港、吴淞小沙渡设立渡口文件；商办上海内地自来水公司关于岸线使用权事与上海市港务局往来函等。

4. 卫生防疫。定海旅沪同乡会关于申请棺柩出口护照检疫证问题致江海关卫生局、港口检疫所的函件等文件；公共租界工部局卫生处关于港口运送病死猪及其他食物的规则事项；1929 年上海市港务局关于取缔工部局向黄浦江倾倒垃圾文件；1931 年长江上游发生水灾致使水质受到污染，上海市卫生局为预防黄浦江上游水质被殃及，要求上海各水厂采取措施以保证市民饮水安全文件；上海市政府及卫生局等有关部门关于禁止向上海港及有关航道倾倒垃圾的有关文件等。

5.5　全宗指南的编制

全宗指南是对某一全宗档案的形成历史、内容范围、成分、数量等各个方面以文章叙述的形式所作的全面介绍。可分为组织全宗指南、个人全宗指南、联合全宗指南等，其中，组织全宗指南占绝大多数。

5.5.1　全宗指南的结构

全宗指南为段落式条目信息，由全宗指南名称、全宗来源简况、档案内容与成分介绍、检索查阅注意事项四部分组成。

（1）全宗指南名称。主要由全宗号、全宗构成者的名称（全称或通用简称）、“全宗指南”、起止时间构成，并列成分之间用空格位分开。

（2）全宗来源简况。依时间变化，介绍记录和反映全宗来源背景的内容，包括全宗构成者的形成和职能，全宗构成者所有曾用名称，全宗管理机构和全宗档案数量，全宗档案收集、征集、接收、移交、寄存数量。

（3）档案内容和成分介绍。一般应按全宗内档案的实际分类体系，文字叙述档案来源（责任者）、内容、形式（种类、制成材料等）、形成时间、查考价值等。这是全宗指南的主体部分。对于未开放的档案，应注明档案数量和使用范围；对于涉密档案，应注明档案数量，不作任何内容和成分介绍；对于非纸质档案，应简介其种类、特色和数量。

（4）检索查阅注意事项。检索注意事项包括以下内容：可使用的检索工具和已编制的参考资料的名称；机读目录、手工检索工具条目的数量；纸质档案数字化副本的画幅数量以及占全宗档案总数比例的情况；纸质档案缩微副本的数量以及占全宗档案总数比例的情况；非纸质档案副本的形式、数量以及占全宗档案总数比例的情况。查阅注意事项包括以下内容：档案的完整和完好程度以及遗失、销毁的情况；档案的分类与整理方法以及不同载体组卷、装订和保管的情况；档案的利用价值以及鉴定的情况；划分的保管期限种类以及各类保管期限档案的数量；档案内容向社会开放的情况；本全宗指南完成时间和编制者的情况；其他有关问题的说明。

5.5.2 全宗指南的编制方法

（1）档案馆全宗数量很多，价值各异，不必为所有全宗编制指南。应根据全宗的特点和利用需要，有选择地为具有实际利用价值的、经过系统整理和编目的全宗编写指南。

（2）编写时应全面收集有关该全宗的历史材料，以及说明档案内容和成分的材料，查阅各种检索工具和档案材料本身，必要时应找有关人员调查，使全宗指南的叙述有根有据。

（3）根据全宗内档案材料的性质和特点，在介绍的详略程度上，分别采取简要介绍（将各案卷综合介绍）、详细介绍（将各案卷逐个介绍）、重点与全面相结合介绍（一般案卷简要介绍，重要案卷逐个介绍）等形式，将最有价值的档案材料突出介绍出来，以达到宣传、报道的目的。

（4）文字简练，条理清楚，内容准确，不掺杂个人观点，所引出处无误。

（5）尽可能提供档案编号和出处，适当配备辅助工具，方便利用。

下面是一条全宗指南示例：①

鹤山市档案局全宗指南（样本）

全宗名称：鹤山市档案局

宗号：016

一、组织机构沿革

1959年2月，鹤山县成立了档案馆，主要从事档案接收、保管、利用工作，隶属县委办公室，地址在冯氏宗祠。

1981年成立了高鹤县档案局，同时保留原档案馆，即两个机构合署办公，隶属县委办公室领导，办公地址在沙坪镇前进路18号县委大楼三楼西厅。局的职能是贯彻执行党和国家的路线、方针、政策、法令。它是档案行政管理机构，统一管理鹤山县区域内的档案工作，对全县档案工作进行指导、监督。

1982年1月，随着高鹤县分县，原高鹤县档案局（馆）正式改为鹤山县档案局（馆），仍隶属县委办公室领导，负责鹤山县区域的档案行政管理工作。

1984年机构改革，鹤山县档案局、档案馆与县委机要科合署办公，局址

① 鹤山市档案局全宗指南（样本）[EB/OL].[2015-10-11]. http://218.14.157.178:8500/TitansHsWeb/webclass/display.do?recordid=71220151212000262 7&tableName=WEB.

在县委大楼三楼西厅，隶属县委办公室领导。在此期间，局的行政职能由市委办代行，馆则继续履行其职能。对外只挂档案馆牌子。行政领导也只设馆长，不设局长。

1986年6月30日，鹤山县档案馆由县委办公室领导改为鹤山县人民政府办公室领导。

1986年10月，鹤山县档案馆搬迁到鹤山县沙坪镇前进路18号县人大楼五楼办公。

1987年5月20日，鹤山县档案局恢复建制，与档案馆合署办公，两个牌子一套人马。江门市编委编发（87）62号文批准恢复鹤山县档案局为鹤山县人民政府直属局，仍由县政府办公室领导。

1991年3月6日，鹤编字（91）第12号文同意鹤山县档案局设立业务指导股和档案管理股。业务指导股的职能任务是：①负责全县各机关、团体、学校、企、事业单位的档案工作的指导、监督和检查；②提出鉴定档案的原则和标准，研究和审查有关档案保存价值、保管期限，监督档案文件的销毁；③开展档案专业教育，培训档案专业人才；④指导和组织评定档案专业干部的业务职称等工作。档案管理股的职能：①负责档案管理工作，组织并指导档案管理与技术的研究，提出实现档案管理标准化、科学化、现代化方案，调查研究运用现代化科学技术解决档案的保护、储存、复制、检索等问题；②组织档案的利用工作，制定开放历史档案的具体方法；③负责档案史料的编研工作；④兼管人秘工作。

1996年8月，增设人秘股，即内设机构有档案业务指导股、档案管理股和人秘股。档案管理股自此将人秘的工作职能移交给人秘股，人秘股的主要任务是：①人事、工资、福利工作；②公文运作；③组协调政务活动。

1997年1月，根据鹤府办（97）13号文规定，档案局内部机构核定为两股一室，即档案业务指导股、档案管理股、办公室。两股职能不变，办公室承接了人秘股的职能。

1997年1月，根据鹤山市人民政府办公室鹤府（97）13号文《关于印发〈鹤山市档案职能配置、内设机构和人员编制方案〉的通知》精神，鹤山市档案局的职能不变，内设机构如下：（省略）

鹤山市档案局历任领导名单：（省略）

二、全宗内档案情况介绍

1. 档案数量及保管期

由于档案局和档案馆长期以来是合署办公，因而档案也无法分割，作单一全宗进行管理，至2003年12月底，档案局全宗的档案共815卷，其中文书档案471卷，基建档案10卷，设备仪器档案33卷，会计档案293卷，声像档案26卷，实物档案8件。

根据上级档案部门和《鹤山市档案工作实施细则》的规定，会计档案定有永久、25年、15年、5年四个保管期限，其余的文书档案、基建档案、设备档案、声像档案、实物档案五个门类的档案制定为永久、长期、短期三个保管期限。

2. 档案的完整程度

档案局由于长期以来由县委办、县府办领导，1991年后才成为独立核算单位，所以目前只形成了文书、基建、设备、会计、声像、实物六类档案。现已分门别类进行整理，各类档案齐全完整，能全面、真实地反映档案局的历史面貌。

(1) 文书档案。文书档案自1957年开始建档，每年归档一次，除1982年至1986年期间因县委办、县府办代行职能而缺管理文件外，档案资料收集齐全，特别是1990年后档案资料增加较多，全面地反映了全市的档案业务情况。

(2) 基建档案。基建档案主要包括档案馆所在的人大楼建设资料和市府新行政中心建设规划图（档案大楼）。人大楼的建设由于当时是由市府行政科负责，竣工验收后才交予档案局馆使用，并移交建设资料，所以资料不齐全，主要缺工程监理资料。

(3) 设备仪器档案。设备档案主要有本局购进的冷气机、电脑、碎纸机、抽湿机、切纸机等设备的说明书、维修资料、合同资料，基本齐全完整。

(4) 会计档案。本局会计凭证从1989年开始建立，自1993年档案局由县府行政科分出独立核算。自此会计报表、账簿、凭证等会计档案齐全完整。

(5) 声像档案。声像档案含照片、底片、录像、磁盘等，本局向来注重拍摄和收集，故此类档案比较庞杂，齐全完整。

(6) 实物档案。实物档案含过期公章、牌、荣誉实物，收集齐全完整。

3. 档案的利用价值和鉴定情况

全宗内的文书档案记录了档案局在各时期的党务、政务和业务活动的主要情况。以本局自已形成的文件为主，同时收录了上级档案行政部门关于档案工作的方针和规定，比较全面地反映了局的职能活动情况，是档案局职能活动的真实记录。基建档案基本反映了档案馆的结构及电路等情况，在日常的安全检查和电路监测、更新中起了很好的作用。设备仪器档案保存局主要设备的技术资料，对今后的保养维修工作起到一定参考作用。会计档案全面反映了本局

1989 年以来的财务管理情况，对上级检查财务工作提供原始材料以及工作中查找有着重要的参考价值。声像档案保存了一批反映本局两个文明建设的照片和录像材料，特别是在执法检查和达标升级活动中形成的照片，形象地再现了当时的生活、工作活动等情况，具有重要参考和凭证作用。实物档案收录的公章、街牌、荣誉实体，保存了历史，体现了本局取得的荣誉，有较重要的保存价值。

长期以来，全宗内的档案为鹤山市的档案事业发展，为局务工作提供了大量的参考和凭证资料。如编写专志、工作考证，达标升级工作考评和见证材料参考、业务统计等，取得了较好的社会效益。

在档案鉴定方面，本局主要把好三个关，即立卷鉴定、平时鉴定和销毁鉴定。立卷鉴定就是每年的文件立卷归档，严格执行各门类档案的归档与不归档的范围，确保该归档的文件归档，不该归档的文件坚决不归档，并把好保管期限关。平时鉴定就是不定期地对档案的保管期限进行复查，及时更正保管期限，1992 年本局对文书档案进行了全面核对，根据其利用情况及时调整了保管期限。会计档案也根据新的会计档案管理规定对所存会计档案的保管期限作了相应的调整。另外，保管期限满的档案严格按销毁档案的有关规定进行鉴定、复核和销毁。

4. 检索工具的配置情况

本局所存档案均有完善的检索工具，主要分两大类，即手工检索和微机检索。

(1) 手工检索。

①全宗指南。系统地介绍档案局组织机构沿革情况、全宗档案的基本情况和档案内容与成分。

②档案目录。本局文书、基建、设备仪器、声像、会计、实物档案均编有符合要求的档案目录，方便管理和利用。

另外，还编制了库房存放表、箱柜指引卡、资料存放索引等辅助检索工具。

(2) 微机检索。

为提高档案管理现代化水平及工作效率，档案局已配备了电脑，开发了档案管理软件，对各门类档案进行录入，可以从责任者、文号、发文日期、文件题名、卷号、重点词、组合信息等方面进行检索，方便快捷。

5. 档案整理情况

本局一直以来重视自身的档案工作基础业务建设，注重对文件的收集和积累。1987年后，随着全市文书立卷归档验收制度的实施，本局的文书档案也坚持一年一验收。1986年前的档案也于1992年重新进行了系统整理。此外，其余门类的档案整理也严格按标准规范整理，确保案卷质量。

三、全宗内档案内容与成分介绍

本局（馆）档案合一全宗，1993年后才独立核算，所以目前只有文书档案、基建档案、设备仪器档案、会计档案、声像档案和实物档案六类档案，档案总数815卷，其中文书档案局471卷，基建档案10卷，设备仪器档案33卷，会计档案293卷，声像档案26卷，实物档案7卷。总排架长期13米。现分别介绍：

1. 文书档案（1967—2003年）

本局现有文书档案471卷，其中永久188卷，长期231卷，短期52卷，排架长度8米。文书档案是反映本局主要职能活动的重要历史资料，是本局贯彻《档案法》和上级档案部门的指示，开展党务、政务、业务活动的真实记录，具有重要的保存价值，主要有上级来文和本局形成的文件材料两大部分。

上级来文主要有：档案工作法规，上级档案部门的工作计划、总结，下达的任务，行业档案管理标准和规定，档案综合管理考评，各个时期档案业务建设规范，档案馆工作规定，档案学术研究，工作经验交流和档案工作会议文件，以及两个文明建设等文件材料。

本级形成的文件主要有：

（1）党务：支部会议记录，党员名册，吸收党员，党员民主评议，廉政建设等。

（2）行政：局工作总结、计划，干部名册，表彰，先进事迹材料，下达任务、计划。机构设置，人员任免，计划生育，工会，妇女工作，治安，本局规章制度，统计，会计预算，经费，增置设备，大事记，档案工作会议等文件材料。

（3）业务方面：本局历年制发的业务文件，规章制度和业务规范，执行上级业务规定的总结、汇报和数字材料，各单位开展档案综合管理活动的指导文件和评审材料。《档案法》执法检查的通知和情况综合、报表，档案业务研讨材料等。

2. 基建档案

基建档案共10卷，其中9卷是人大楼档案馆的建设资料，1卷是新档案馆规划图。主要收录了几个方面的资料。

（1）综合性资料：包括项目申请、立项、报建、土地使用、勘探工程款预决算、承建合同、工程验收等。

（2）图纸：包括设计图、施工图和竣工图等。

（3）施工：包括施工过程中的质量保证材料，土建、供电、供水、环保等施工合同，设计变更资料。

（4）监理：主要有施工日志。

3. 设备仪器档案

设备仪器档案共33卷，主要是购进的档案设备的说明书和合同，包括电脑、空调机、速印机、抽湿机、碎纸机、切纸机等的技术资料。

4. 会计档案（1989—2003年）

会计档案共293卷，排架长度3.1米，主要收录了反映本局1989年以来财务收入、支出情况的报表、账簿和凭证。

5. 声像档案

照片档案共12卷，其中8卷（馆藏照片档案第26、41、42、43、44、46、49、50号卷）；已归入馆藏照片档案统一编号。主要收录了档案执法检查，上级领导视察，档案工作会议和档案综合管理达标评审会议，组织外出参观学习执法检查等照片、底片。

6. 实物档案

共8件，有本局历年获取的荣誉实物，如奖状、奖牌等，有本局的过期公章和衔牌。

四、资料

本局资料含两部分，其一是购进的资料，这部分主要是一些档案法规和参考书，已归入馆藏资料统一编号。代号为G1。另一部分是编研资料，有：

（1）《达标单位工作总结汇编》

（2）《历年全宗单位立卷说明汇集》

（3）《档案局机构沿革》

（4）《基础数字汇集》

（5）《档案局大事记》

（6）《档案局人员发表文章集》

（7）《利用档案突出事例》

（8）《档案志》

（9）《档案局97—99年度发文汇集》

五、本全宗指南编制情况

本全宗指南按照《全宗指南规范》编写，比较系统地介绍了鹤山市档案局档案的概况。所采用的材料来源于库存档案，编写力求准确、真实，希望使读者对全宗构成者和库存档案有一个初步的了解，促进档案的管理和利用。但由于时间仓促，难免有不当之处，欢迎指正，以促进我们的工作。

鹤山市档案局

2004 年 12 月 28 日

第6章　网络环境下的档案信息组织与检索

网络环境下，信息资源更加丰富，信息量和信息种类迅速增加，信息传递速度大大加快，这对传统的档案组织和检索方式造成了冲击。如何有效地组织和检索档案信息，使其能在网络环境下得到方便的存取和利用，是档案部门面临的重要任务。本章以《档案信息检索》教材为基础，对元数据提取工具 Metedata-Extractor 的使用，以及档案网站信息检索这两项实验内容进行讲解，以适应新形势对档案检索工作的要求。

6.1　实验目的

（1）学习并掌握元数据提取的方法，以更好地描述档案对象的内容、背景和结构信息。

（2）了解网站档案信息检索的途径和方法，以开展网络环境下的档案信息资源检索。

6.2　实验内容

（1）掌握 Windows 环境下基于图形界面的元数据提取工具的安装与配置。

（2）了解使用元数据提取工具 Metadata-Extractor 抽取电子文件元数据的基本步骤。

（3）了解元数据提取结果的分析方法。

（4）以美国、英国、澳大利亚、中国青岛的档案网站为例，掌握检索系统提供的各种检索功能，能根据需要准确、高效地检索到相关档案资料。

6.3 元数据提取工具 Metadata-Extractor 的使用

Metadata-Extractor Tool 是新西兰国家图书馆于 2003 年开发的，用于提取电子文件长期保存元数据的开源工具，并于 2007 年以开源软件的形式发布。软件可同时兼容 Windows 以及 Unix 操作系统，并支持多种文件格式（见表 6-1），提取结果以 XML 文件格式输出。

表 6-1 **Metadata-Extractor Tool 支持的文件格式**

图像文件	BMP，GIF，JPEG，TIFF
文本文件	MS Word（version 2.6），Word Perfect，Open Office（version 1），MS Works，MS Excel，MS PowerPoint，PDF
音频/视频文件	WAV，MP3（ID3Tags），BFW，FLAC
标记语言	HTML，XML
互联网文件	ARC

6.3.1 实验环境

JDK（Java Development Kit）1.5 及以上，Windows XP 及以上，Metadata-Extractor 3.6 GA。

6.3.2 Metadata-Extractor 工具的安装

Metadata-Extractor 工具的安装分为两种方式：源代码编译安装和二进制安

装，即直接安装。本实验主要学习 Window 环境下 Metadata-Extractor Tool 的直接安装、配置以及使用。软件安装过程按照以下步骤进行：

6.3.2.1　JDK 安装及配置

（1）下载 JDK 安装包。根据路径 http：//www. oracle. com/technetwork/articles/javase/ index-jsp-138363. html 打开 JDK 下载页面，如图 6-1 所示，选择 JDK 并下载。

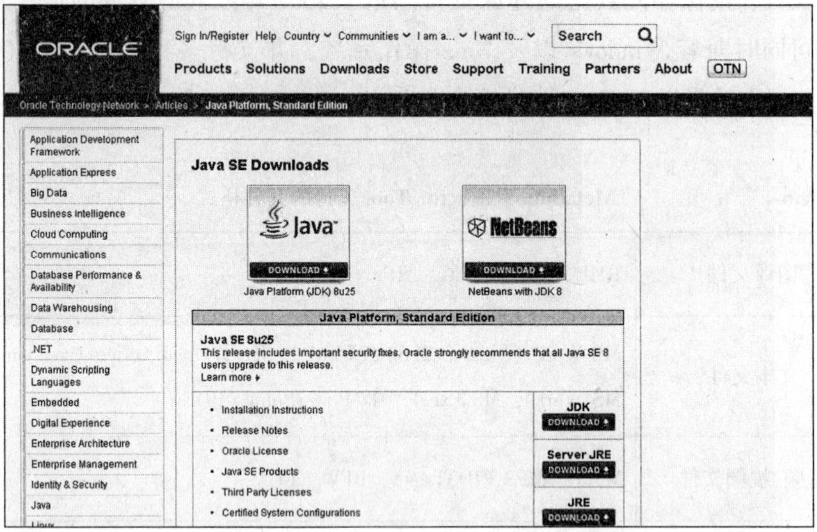

图 6-1　JDK 安装包下载

（2）安装 JDK。鼠标双击下载的 jdk-6u23-windows-i586. exe 文件，安装 JDK。默认安装路径为 C：\ Program Files \ Java \ jdk1. 6. 0_23。

（3）配置 Java 环境。选择“我的电脑”→“属性”→“高级”→“环境变量”。在“系统变量”中设置变量名为“Java”，变量值为“C：\ Program Files \ Java \ jdk1. 6. 0_23”，如图 6-2 所示。在“Administrator 的用户变量”处选择“PATH”变量，点击“编辑”按钮，在“变量值”输入框的最后增加“C：\ Program Files \ Java \ jdk1. 6. 0_10 \ bin”。

（4）测试配置结果。选择“开始”→“运行”，输入 cmd 命令打开命令提示符。在命令提示符下输入 Java 命令。若出现如图 6-3 的结果，即为 Java

图 6-2 配置 Java 环境

环境配置正确。

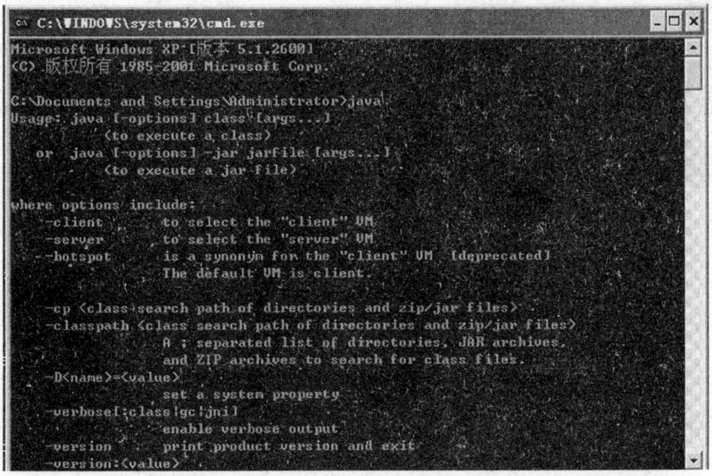

图 6-3 Java 环境配置的测试结果

6.3.2.2　安装 Metadata-Extractor Tool

（1）下载软件安装包。Metadata-Extractor Tool 的下载路径为 http：// sourceforge. net/projects/ meta-extractor/files/。本软件为开源软件，建议下载兼容 Windows 环境的编译后版本，即 meta-extractor-bin-3-6GA. zip。

（2）解压缩软件。解压缩的路径中不可包含空格键和中文字符。本例中，解压缩路径为 E：\ meta-extractor-bin-3-6GA \ metadata-extractor，如图 6-4 所示。

图 6-4　解压缩软件

（3）配置软件运行环境。选择“开始”→“运行”，输入 cmd 命令，打开命令提示符。切换到 Metadata-Extractor 的安装路径下。输入 setenv. bat 命令，配置环境变量，如图 6-5 所示。

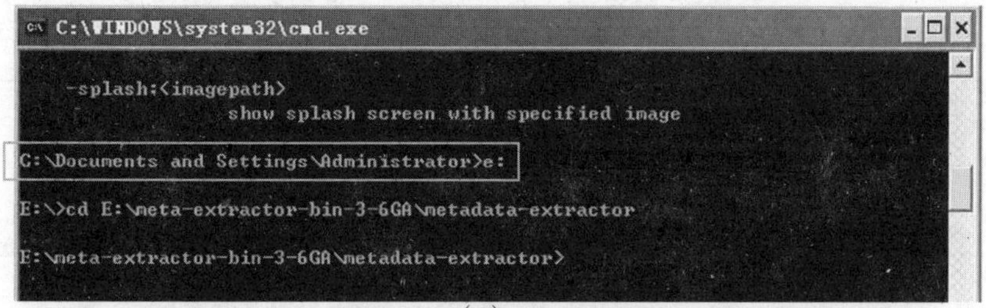

(a)

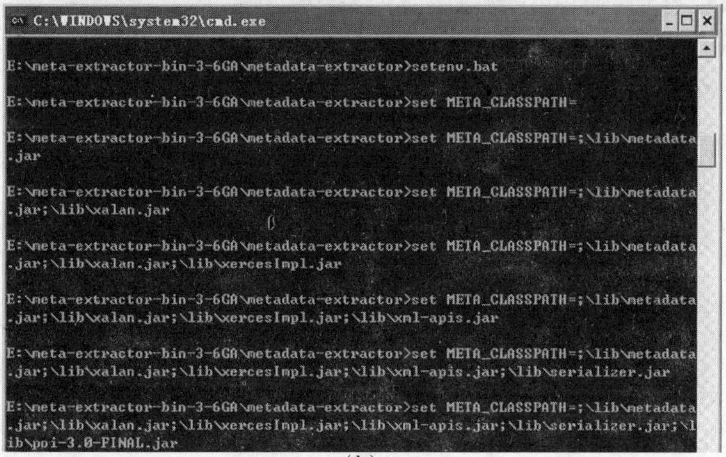

(b)

图 6-5　配置软件运行环境

6.3.3　Metadata-Extractor 工具的使用

（1）运行软件。接上一步，在当前命令提示符下输入 metadata.bat，打开用户界面（见图 6-6）。各选项意义如表 6-2 所示。

表 6-2　**Metadata-Extractor 用户界面各选项意义**

Config	设置输出文件格式。默认格式为 NLNZ Data Dictionary，即根据新西兰国家图书馆定义的数据字典提取与长期保存相关的元数据信息。另一选项为 Extract in Native Form，即依照文件自身格式提取所有元数据

续表

Destination	设置文件输出目标路径
Profile	默认配置信息
User	默认用户

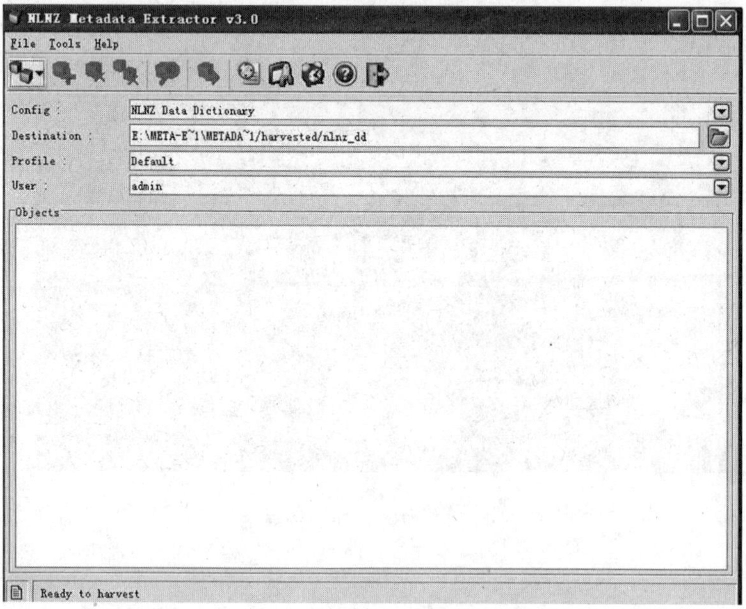

图 6-6　Metadata-Extractor 用户界面

（2）导入文件。Metadata-Extractor Tool 中导入文件分为两种方式：Simple Object 和 Complex Object，如图 6-7 所示。Simple Object 即简单对象，指物理上和逻辑上都独立的单个文件。Complex Object 指物理上独立但是逻辑上为一个整体的多个文件，如一个网站中对应的多个文件。

选择“Simple Object”选项，打开“Create Object”对话框并选择需要提取元数据的文件，如图 6-8 所示。点击 Next 按钮，打开“Properties”对话框。在“Properties”对话框中设置 Object ID，Name 以及 Group ID 后，点击 Finish 按钮，如图 6-9 所示。

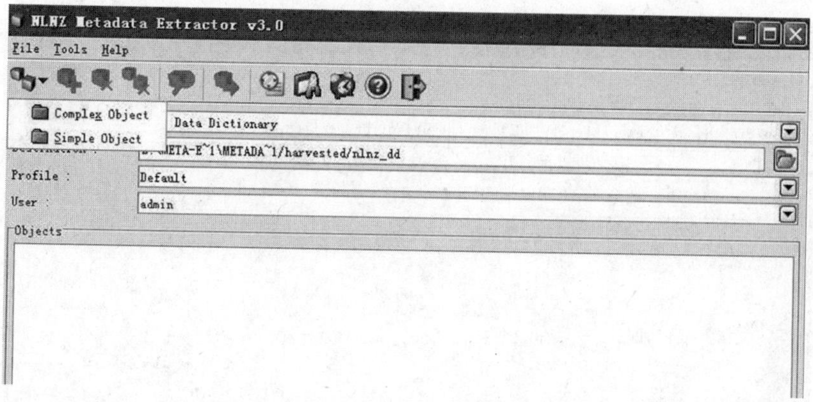

图 6-7　导入文件对话框

图 6-8　添加文件

（3）提取元数据。在用户界面上点击“Process all objects”选项，提取元数据，如图 6-10 所示。

（4）查看元数据。在 E：\ meta-extractor-bin-3-6GA \ metadata-extractor \ harvested \ nlnz_dd 路径中查看提取出的元数据，如图 6-11 所示。

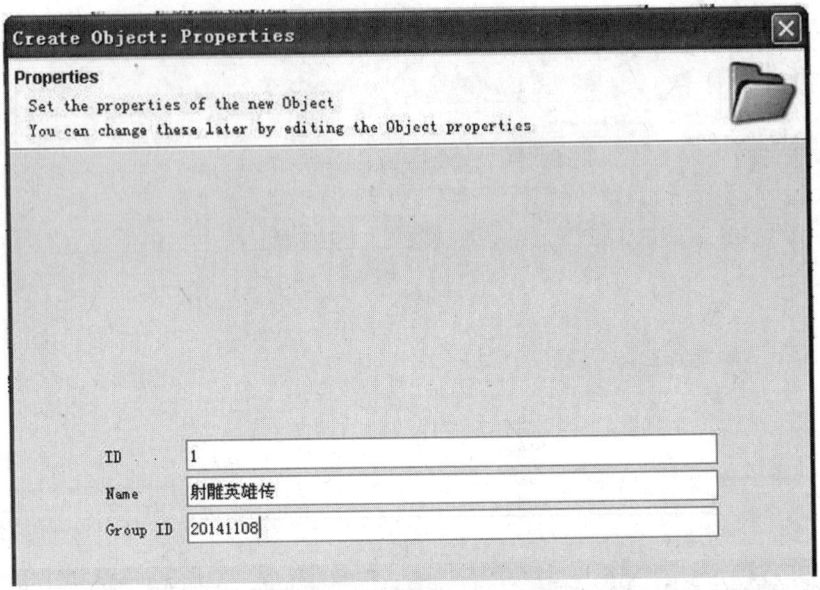

图 6-9　设置对象 ID、名称及所在的组 ID

图 6-10　提取元数据

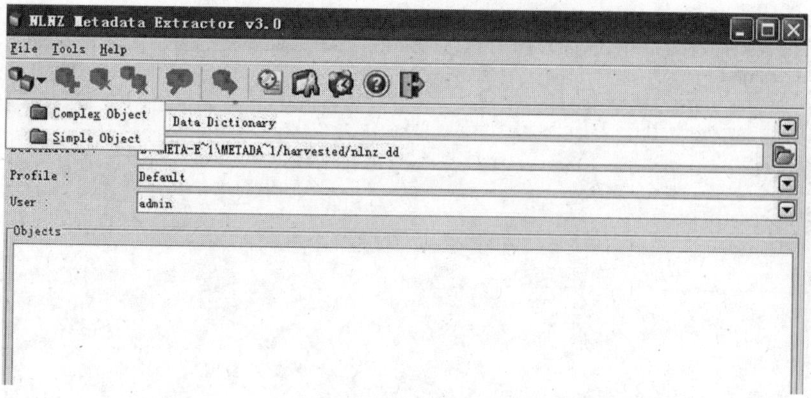

图 6-7 导入文件对话框

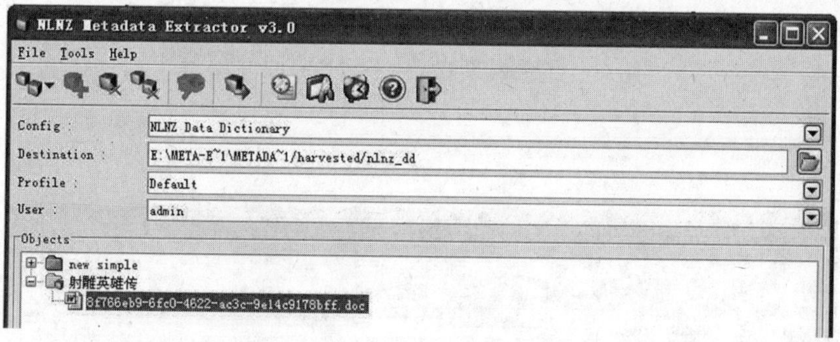

图 6-8 添加文件

（3）提取元数据。在用户界面上点击“Process all objects”选项，提取元数据，如图 6-10 所示。

（4）查看元数据。在 E：\ meta-extractor-bin-3-6GA \ metadata-extractor \ harvested \ nlnz_dd 路径中查看提取出的元数据，如图 6-11 所示。

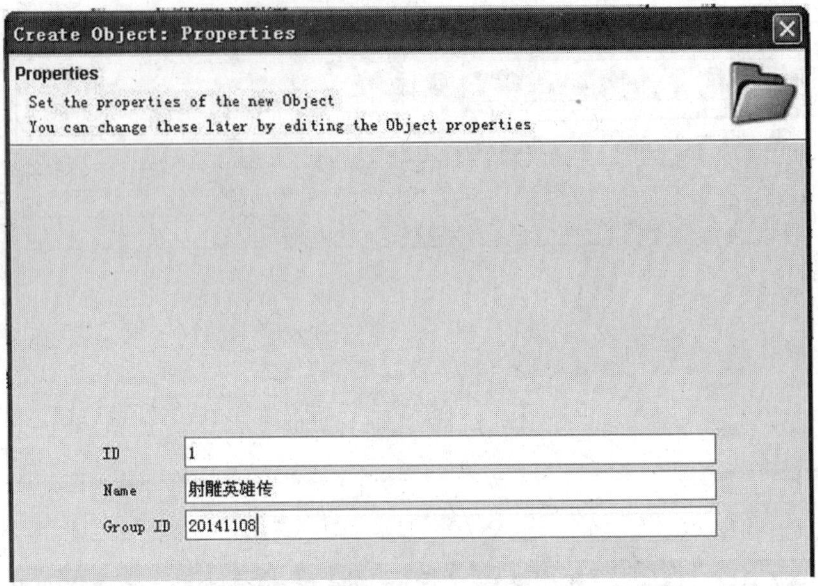

图 6-9　设置对象 ID、名称及所在的组 ID

图 6-10　提取元数据

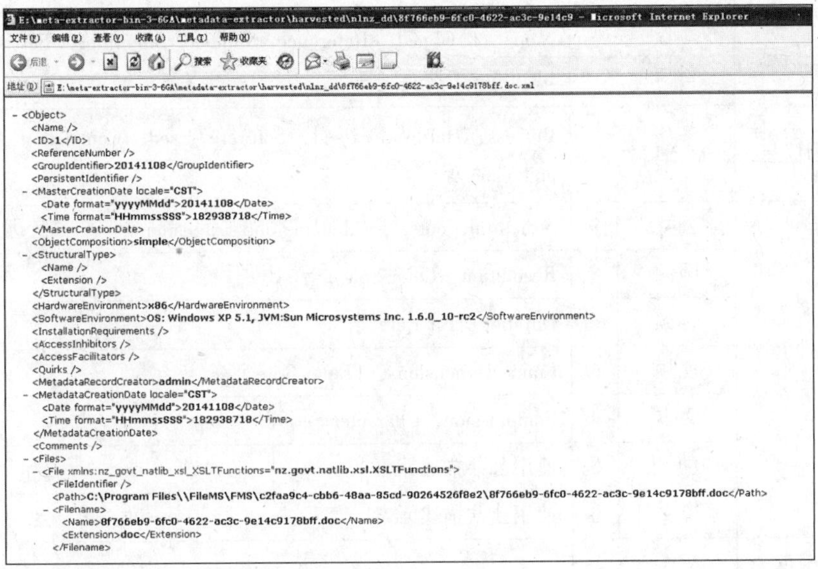


```
- <Object>
    <Name />
    <ID>1</ID>
    <ReferenceNumber />
    <GroupIdentifier>20141108</GroupIdentifier>
    <PersistentIdentifier />
  - <MasterCreationDate locale="CST">
      <Date format="yyyyMMdd">20141108</Date>
      <Time format="HHmmssSSS">182938718</Time>
    </MasterCreationDate>
    <ObjectComposition>simple</ObjectComposition>
  - <StructuralType>
      <Name />
      <Extension />
    </StructuralType>
    <HardwareEnvironment>x86</HardwareEnvironment>
    <SoftwareEnvironment>OS: Windows XP 5.1, JVM:Sun Microsystems Inc. 1.6.0_10-rc2</SoftwareEnvironment>
    <InstallationRequirements />
    <AccessInhibitors />
    <AccessFacilitators />
    <Quirks />
    <MetadataRecordCreator>admin</MetadataRecordCreator>
  - <MetadataCreationDate locale="CST">
      <Date format="yyyyMMdd">20141108</Date>
      <Time format="HHmmssSSS">182938718</Time>
    </MetadataCreationDate>
    <Comments />
  - <Files>
    - <File xmlns:nz_govt_natlib_xsl_XSLTFunctions="nz.govt.natlib.xsl.XSLTFunctions">
        <FileIdentifier />
        <Path>C:\Program Files\\FileMS\FMS\c2faa9c4-cbb6-48aa-85cd-90264526f8e2\8f766eb9-6fc0-4622-ac3c-9e14c9178bff.doc</Path>
      - <Filename>
          <Name>8f766eb9-6fc0-4622-ac3c-9e14c9178bff.doc</Name>
          <Extension>doc</Extension>
        </Filename>
```

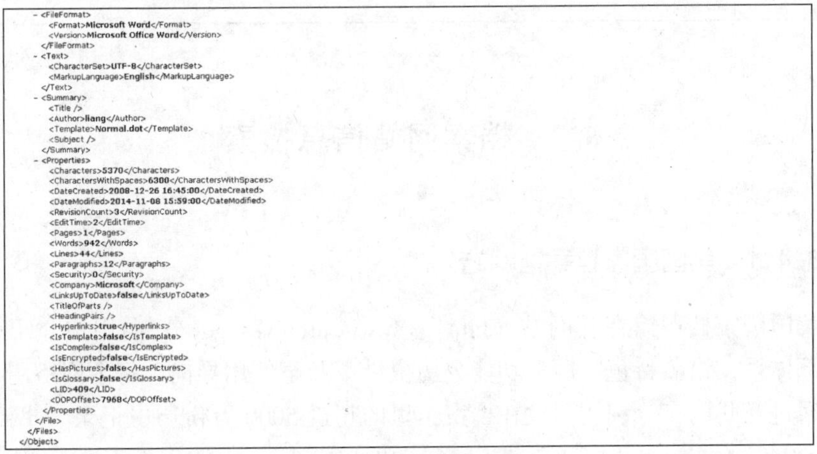

```
      - <FileFormat>
          <Format>Microsoft Word</Format>
          <Version>Microsoft Office Word</Version>
        </FileFormat>
      - <Text>
          <CharacterSet>UTF-8</CharacterSet>
          <MarkupLanguage>English</MarkupLanguage>
        </Text>
      - <Summary>
          <Title />
          <Author>liang</Author>
          <Template>Normal.dot</Template>
          <Subject />
        </Summary>
      - <Properties>
          <Characters>5370</Characters>
          <CharactersWithSpaces>6300</CharactersWithSpaces>
          <DateCreated>2008-12-26 16:45:00</DateCreated>
          <DateModified>2014-11-08 15:59:00</DateModified>
          <RevisionCount>3</RevisionCount>
          <EditTime>2</EditTime>
          <Pages>1</Pages>
          <Words>942</Words>
          <Lines>44</Lines>
          <Paragraphs>12</Paragraphs>
          <Security>0</Security>
          <Company>Microsoft</Company>
          <LinksUpToDate>false</LinksUpToDate>
          <TitleOfParts />
          <HeadingPairs />
          <Hyperlinks>true</Hyperlinks>
          <IsTemplate>false</IsTemplate>
          <IsComplex>false</IsComplex>
          <IsEncrypted>false</IsEncrypted>
          <HasPictures>false</HasPictures>
          <IsGlossary>false</IsGlossary>
          <LID>409</LID>
          <DOPOffset>7968</DOPOffset>
        </Properties>
      </File>
    </Files>
</Object>
```

图 6-11 查看元数据

（5）分析输出文件。XML 文件中包括与电子文件长期保存相关的元数据元素，如表 6-3 所示。

表 6-3　　　　**输出 Xml 文件中的元数据元素**

描述目标	元素个数		代表元素
对象信息	18		Name of Object，Reference Number，Identifier，Persistent Identifier 等
处理信息	13		Process，Hardware Used，Software Used，Completion Date and Time 等
文件信息	公共	9	Structural Context，Filename and Extension 等
	图像	8	Resolution，Color Space 等
	音频	6	Duration，Bit Rate 等
	视频	6	Frame Dimensions，Frame Rate 等
	文本	4	Compression，Character Set 等
	数据集	0	使用公共描述元素
	系统文件	0	使用公共描述元素
元数据修改信息	5		Modifier，Date and Time，Field Modified 等

6.4　档案网站信息检索

6.4.1　美国国家档案馆网站

美国国家档案馆在其网站（http：//www. archives. gov/）向用户介绍自己的内部体系、馆藏特色、服务功能、历史沿革乃至使用导向，每个网络用户都可以通过互联网充分利用存放在档案馆里的超过 5000 万份历史记录。①网站支持对 OPA（Online Public Access）、Microfilm Catalog、AAD（Access to Archival Databases）、ALIC（Archives Library Information Center）、ARC（Archives Research Catalog）等数据库的数据进行检索。目前，OPA 已经取代 ARC（2013 年停用），可检索 ARC 全部数据、AAD 全部数据、ERA 中近 100 万件档案

① 肖秋会．档案信息检索［M］．武汉：武汉大学出版社，2011：211.

(持续增加)、美国国家档案馆全部网页信息、总统图书馆全部网页信息①。

OPA 和 AAD 均提供简单检索和高级检索两种检索途径。用户还可以选择感兴趣的主题类别(家谱、地点、时间、战争和国际关系、政府开支等),在 AAD 中进行专门检索。

6.4.1.1 OPA 检索

图 6-12 为 OPA 系统检索界面,可在此界面开展检索。

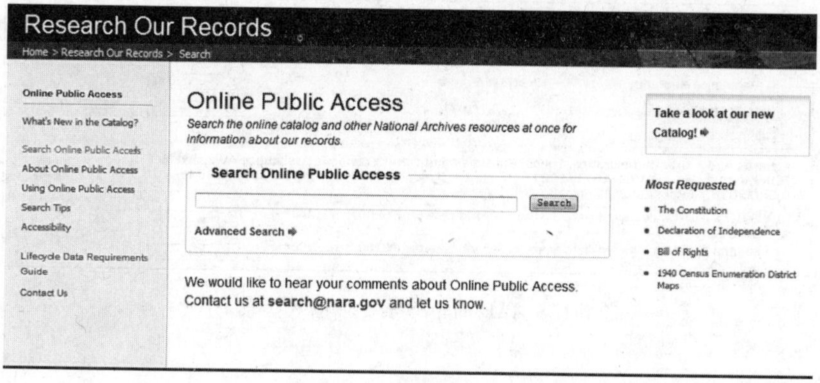

图 6-12 OPA 检索

6.4.1.2 AAD 检索实例

(1)简单检索。在网站首页点击"Research Our Records",进入检索导航页,点击"Access to Archival Databases"(AAD),进入 AAD 检索界面。在检索框中输入"Declaration of Independence",得到检索结果,如图 6-13 所示。选取其中第一条记录,点击"view records"图标,查看该记录详细信息,如图 6-14 所示。该案卷包含 657 份档案,用户可选择合适的排序方式查看卷内档案。点击"View Record"栏的 PDF 图标,可下载 PDF 格式档案原文。

(2)高级检索。点击"Advanced search"进入高级检索界面,在"with all of the values"检索框中输入"Declaration of Independence",在"with the exact phrase"检索框中输入"Thomas Jefferson",如图 6-15 所示。点击"Search",进入检索结果页,如图 6-16 所示。

① National Archives. Online Research Tools and Aids[EB/OL].[2014-12-19]. http://www.archives.gov/research/start/online-tools.html.

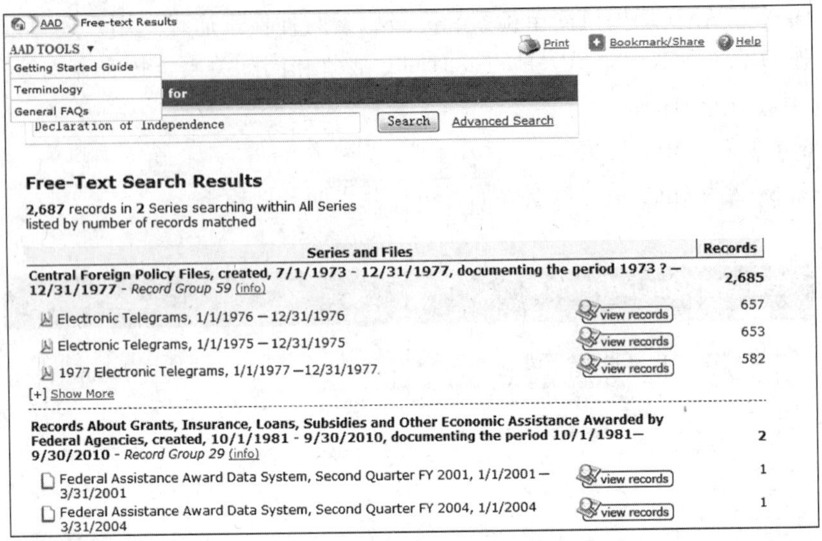

图 6-13　AAD 简单检索——输入检索条件

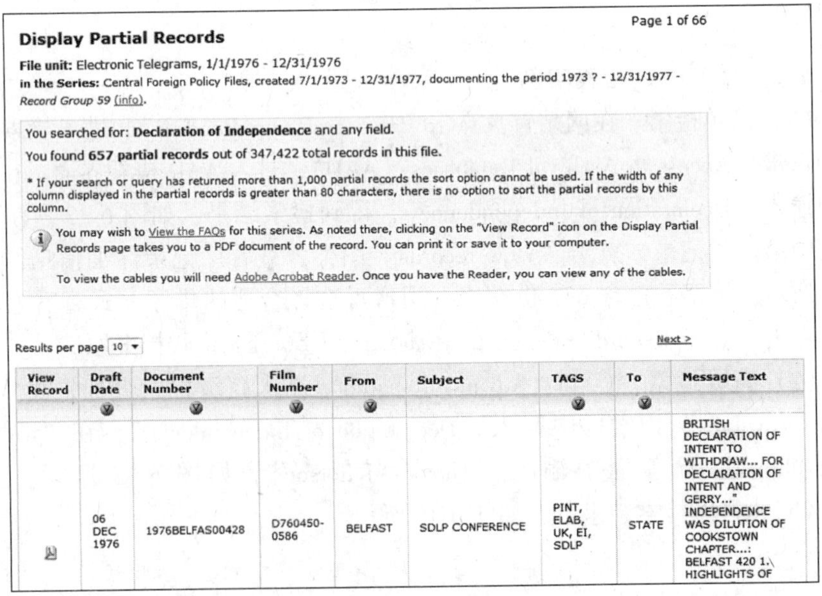

图 6-14　AAD 简单检索——查看记录详细信息

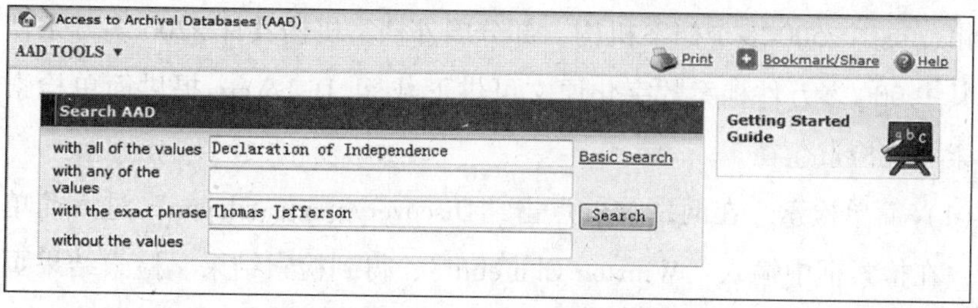

图 6-15 AAD 高级检索——输入检索条件

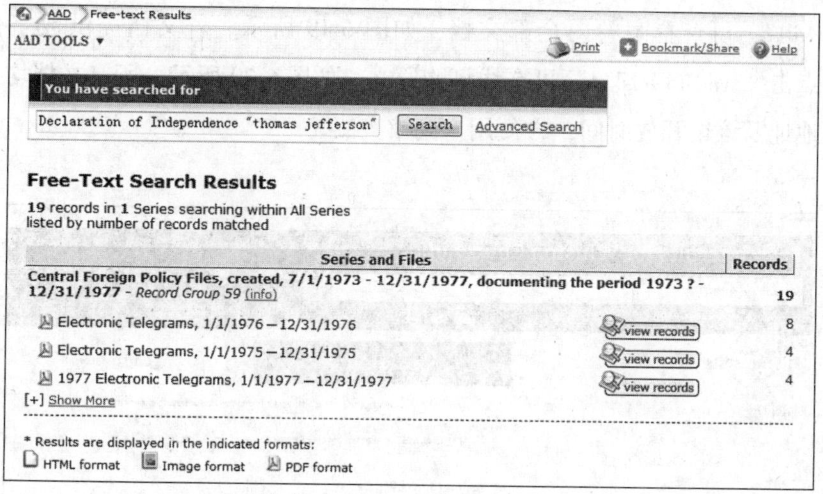

图 6-16 AAD 高级检索——检索结果页面

6.4.2 英国国家档案馆网站

英国国家档案馆是由英国公共档案馆（Public Records Office）和英国皇家历史手稿委员会于 2003 年合并而成的，保存的档案涵盖了英国 1000 多年的历史。1997 年，公共档案馆创建了名为 NDAD（National Digital Archive of Datasets）的国家文献数据库，旨在永久保护馆藏档案，该数据库于 2010 年停用。①目前，NDAD 中的数据可在英国国家档案馆网站（http：//www. nationa-

① The National Archives. Archiving datasets-NDAD 1997—2010 [EB/OL]. [2014-12-10]. http：//www. nationalar-chives. gov. uk/webarchive/archiving-datasets. htm.

larchives. gov. uk/）的 Discovery 检索平台检索。Discovery 向用户提供英国国家档案馆、英国 2500 多个档案机构、部分国外档案机构共计 3200 多万条档案目录，其中 900 多万件档案数字化原文可供下载。① Discovery 提供简单检索和高级检索两种检索途径。

（1）简单检索。在网站首页点击“Discovery-our catalogue”进入简单检索平台，在检索框中输入“Winston Churchill”，得到检索结果。检索结果页面提供简单视图和详细视图两种浏览方式，图 6-17 为详细视图。打开第一条记录（该记录为案卷），可查看其详细描述信息，见图 6-18。其中，“Context of this record”显示了该案卷所在的等级式分类目录体系，点击“LG/F/9/3-Winston Churchill”，可查看案卷内全部文档，如图 6-19 所示。若文档提供数字化原文，点击“Add to basket”可在线订购原文，如图 6-20 所示。所有文档均提供馆藏地址及该馆开放时间，方便用户到馆查阅。

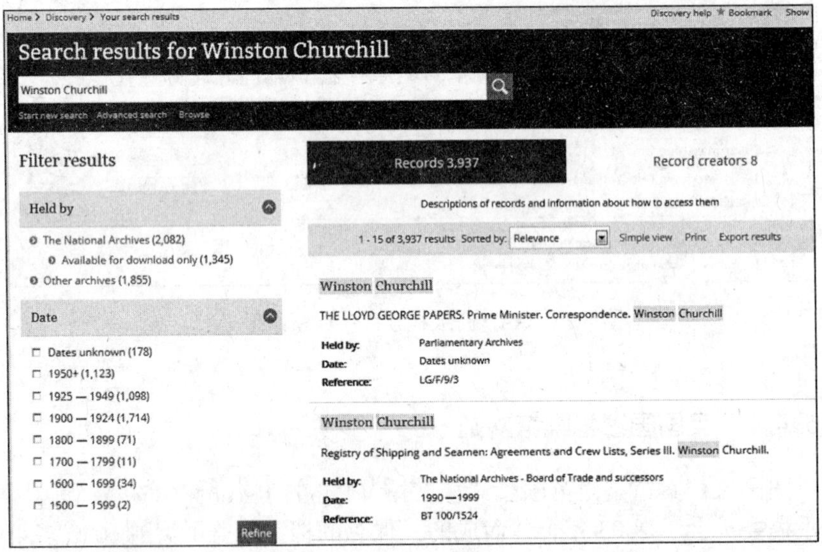

图 6-17　Discovery 简单检索——检索结果页面（详细视图）

① The National Archives. What is Discovery [EB/OL]. [2014-12-10]. http://discovery. nationalarchives. gov. uk/.

图 6-18 Discovery 简单检索——查看详细描述信息

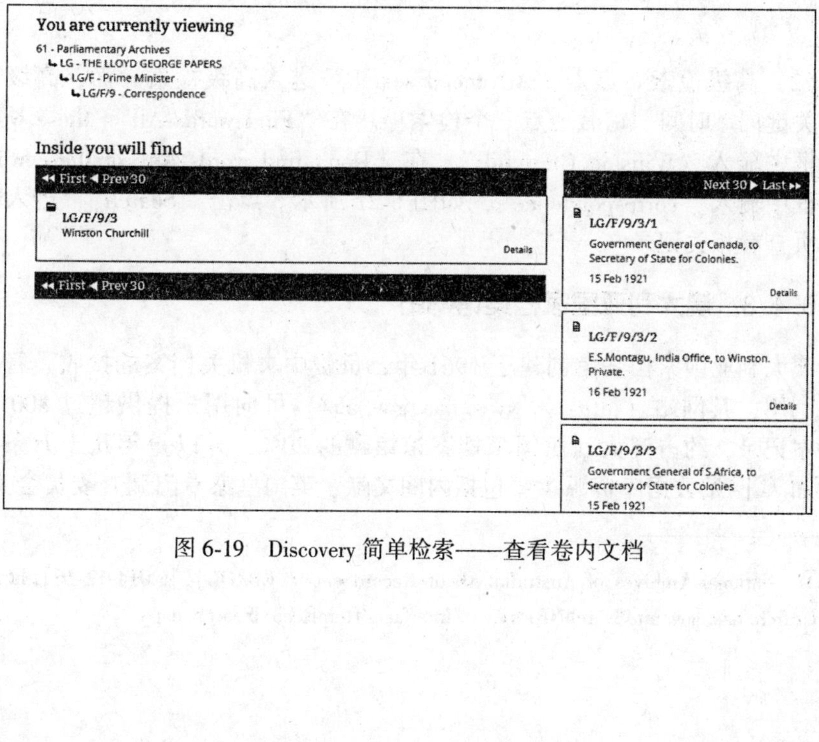

图 6-19 Discovery 简单检索——查看卷内文档

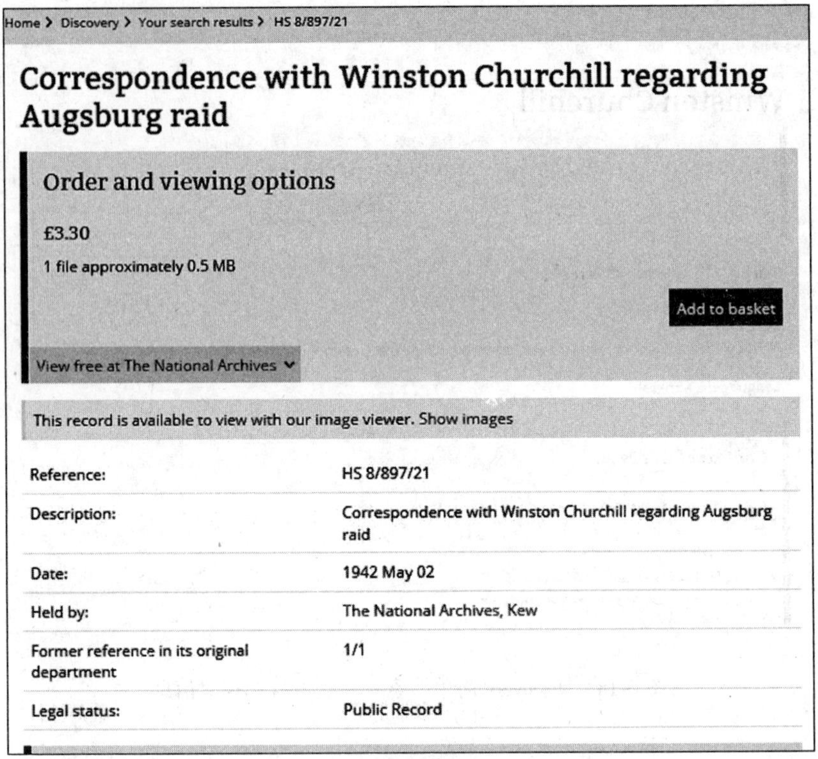

图 6-20　Discovery 简单检索——在线订购原文

（2）高级检索。点击“Advanced search”进入高级检索界面，高级检索提供关键词、时间、馆藏地点三个检索项。在“Find words-All of these words”检索框中输入“Winston Churchill”，在“Don't find words-Any of these words”检索框中输入“correspondence”，如图 6-21 所示。点击“Search”，进入检索结果页查看相关记录。

6.4.3　澳大利亚国家档案馆网站

澳大利亚国家档案馆创建于 1961 年，负责中央机关档案的接收、管理和提供利用，其网站（http：//www. naa. gov. au/）可向用户提供超过 800 万条的档案记录，约占澳大利亚国家档案馆馆藏的 20%，并以每年几十万条的速度增加。①网站数据库资源主要包括内阁文献、英国皇家专门调查委员会文件、

① National Archives of Australia. About RecordSearch[EB/OL]. [2014-12-16]. http：//recordsearch. naa. gov. au/SearchNRetrieve /Interface/HelpRecordSearch. aspx.

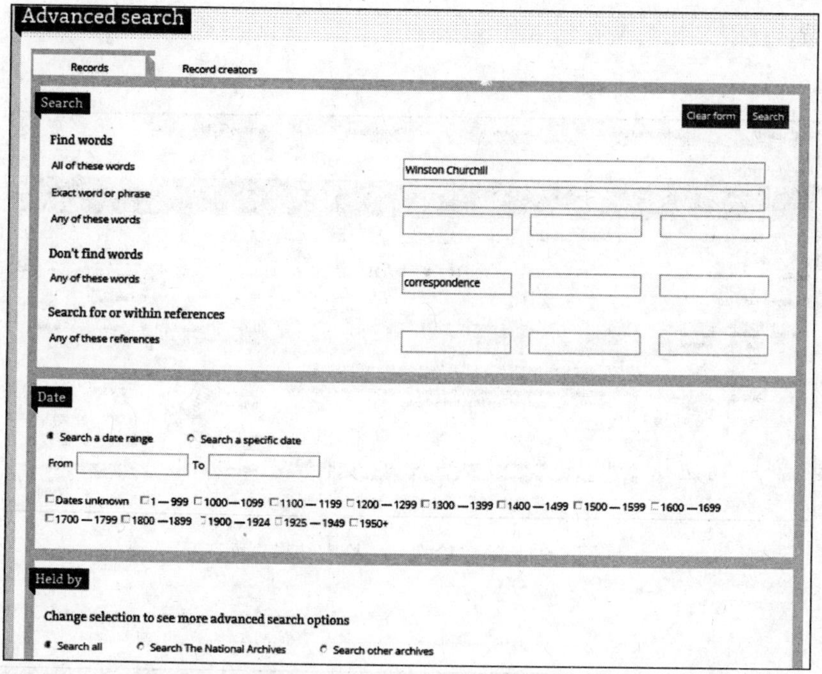

图 6-21 Discovery 高级检索

联邦政府与各部门档案和总督总理部长的材料，还包括一些“19 世纪殖民地档案”。由于拥有丰富的馆藏资源，该网站已成为澳大利亚历史、社会和人民生活状况的独特展示平台。①

网站提供简单检索、高级检索两种常规检索途径，以及名字检索（Name Search）、照片检索（Photo Search）、旅客检索（Passenger Arrivals Index）三种专门检索途径。

（1）简单检索。在网站首页点击“The collection”中“Search the collection”专栏，点击“Record Search”，进入档案检索界面，在“Keywords”栏输入“Julia Gillard”，得到检索结果，包括案卷号、题名、时间、数字化文件、PDF 格式文件、条码、格式等，如图 6-22 所示。若检索结果不够精确，可点击“Refine search”进一步缩小搜索结果范围。打开第一条记录，显示该记录

① 吴建华，曾娜．档案网站信息资源组织研究［M］．科学出版社，2013：56.

的详细信息，如图 6-23 所示。点击“View digital copy”可在线查看电子版档案原文，如图 6-24 所示，点击“Request copy”可申请获取电子版档案原文，需付费。

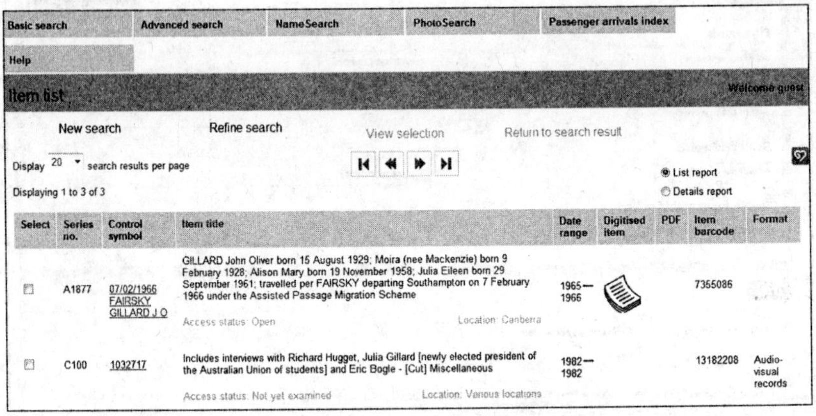

图 6-22　简单检索——检索结果页面

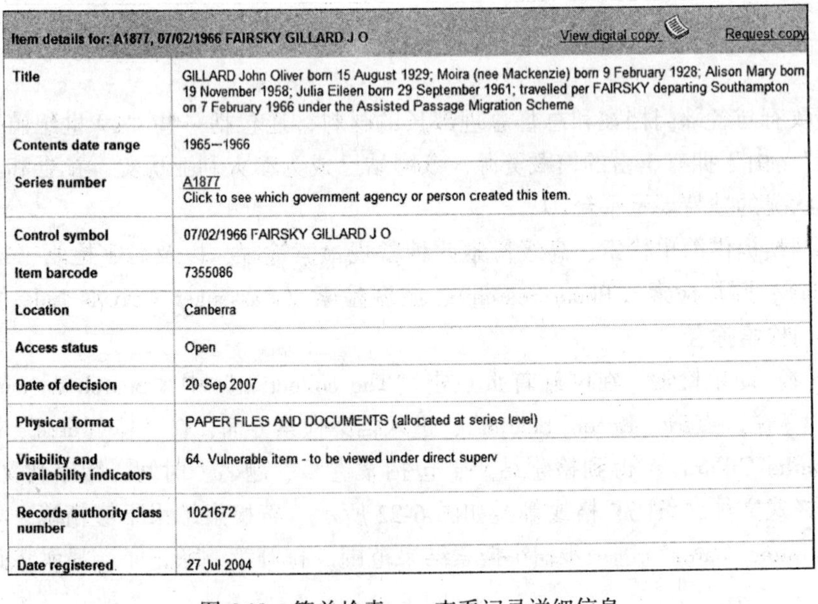

Item details for: A1877, 07/02/1966 FAIRSKY GILLARD J O	View digital copy　Request copy
Title	GILLARD John Oliver born 15 August 1929; Moira (nee Mackenzie) born 9 February 1928; Alison Mary born 19 November 1958; Julia Eileen born 29 September 1961; travelled per FAIRSKY departing Southampton on 7 February 1966 under the Assisted Passage Migration Scheme
Contents date range	1965—1966
Series number	A1877 Click to see which government agency or person created this item.
Control symbol	07/02/1966 FAIRSKY GILLARD J O
Item barcode	7355086
Location	Canberra
Access status	Open
Date of decision	20 Sep 2007
Physical format	PAPER FILES AND DOCUMENTS (allocated at series level)
Visibility and availability indicators	64. Vulnerable item - to be viewed under direct superv
Records authority class number	1021672
Date registered	27 Jul 2004

图 6-23　简单检索——查看记录详细信息

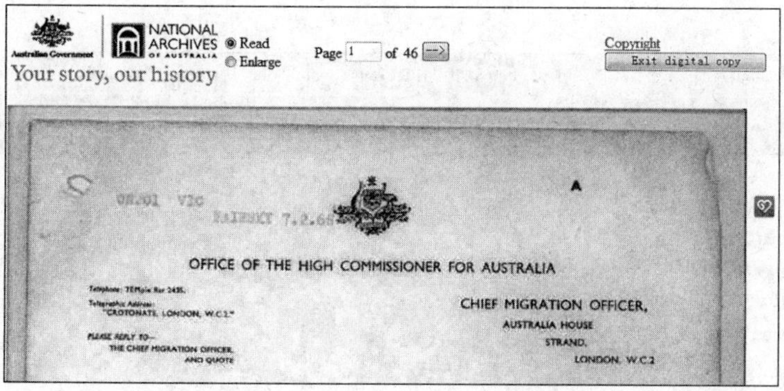

图 6-24　简单检索——在线查看原文

（2）高级检索。点击“Advanced search”进入高级检索界面，提供了组织（Organisations）、机构（Agencies）、案卷（Series）、文件（Items）四个层级的检索，用户可以不限层级进行集成检索，也可以选取任一层级进行独立检索。高级检索可以提供比档案原件本身更多的信息，如案卷层级的描述信息包括该案卷的创建方式、所含文件种类和格式等，机构层级的描述信息包含该机构的历史和功能①。点击“All levels”，进入全部层级检索界面，输入检索词并对相关条件进行限定，如图 6-25 所示，得到各个层级的检索结果，如图 6-26所示，点击所需层级检索结果即可获得详细信息。

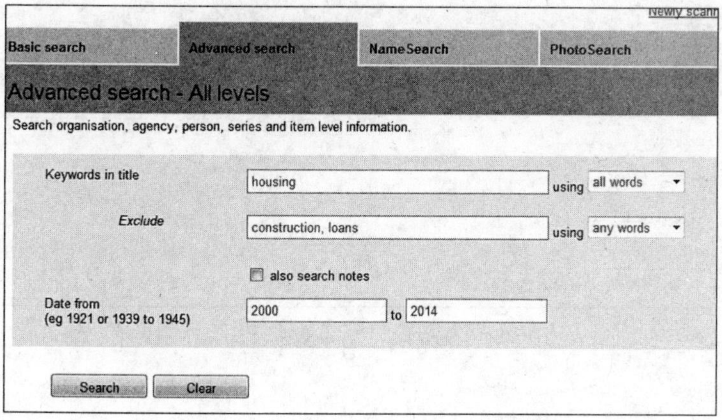

图 6-25　高级检索——输入检索条件

① National Archives of Australia. Search Tips [EB/OL]. [2014-12-16]. http://recordsearch.naa.gov.au/SearchNRetrieve/Interface/HelpRecordSearch.aspx.

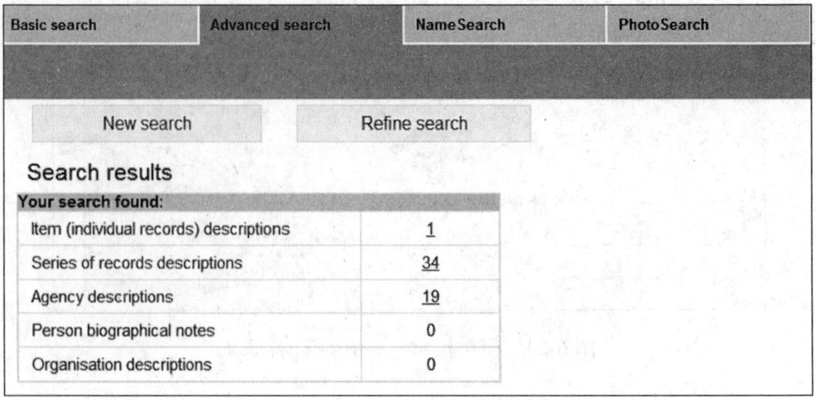

图 6-26　高级检索——检索结果

(3) 专门检索。名字检索通过输入姓名，选择该人所在类别快速有效地检索到该人的相关档案资料，如图 6-27 所示。类别包括澳大利亚国防部队人员档案（陆军人员、海军人员、空军人员等）、国防部其他档案（皇家空军事故报告、战犯记录、军事法庭档案、战争抚恤金记录等）、移民档案、其他档案（安全情报、艺术与科学、高级法院案件等）。

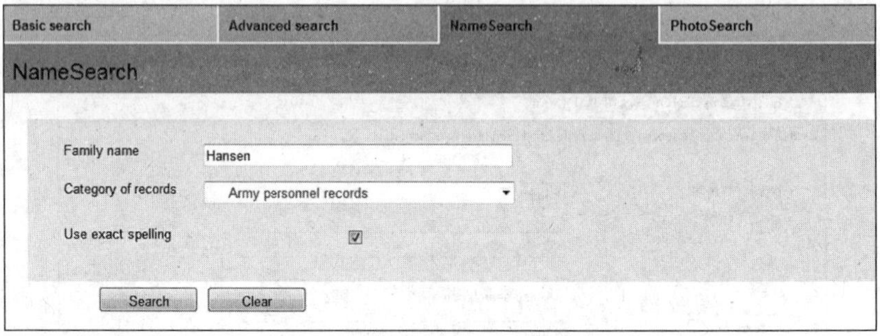

图 6-27　名字检索

照片检索专门用于检索照片，提供了关键词检索和按字母顺序查找两种检索途径。此外，网站推出“Photo Search Functional Prototype”这一检索平台，界面友好、方便利用。例如，在检索框中输入“Koala”，如图 6-28 所示。

图 6-28 照片检索

6.4.4 青岛数字档案馆网站

青岛市档案馆从 1999 年开始规划数字档案馆建设，2001 年启动项目建设，2003 年正式投入使用。青岛数字档案馆（http：//www. qdda. gov. cn/qd-digitalarchives/front/index. jsp）是国内第一个投入运行的数字档案馆，现已建成囊括青岛市 13 个综合档案馆馆藏资源的数字化检索平台，馆藏资源主要有民国时期市政府及各部门形成的档案，各大企业、中学、医院的档案，中央和省驻青机构的档案和部分以德、日、英、俄文为主要语种的外文档案，新中国成立后档案主要是市委、市政府及其所属各部门的档案，部分撤并破产企事业单位的档案及近几年收集进馆的青岛知名人物档案等。①

青岛数字档案馆能够提供关键字检索、区域档案馆检索、类别检索、来源检索、文号检索、时间检索、专题检索等检索路径。

（1）关键字检索。在关键字检索项中输入关键词，点击“搜索”，关键词可以是中文、数字、时间等任意字符，关键词之间用空格区分。以检索“城市规划”为例，如图 6-29 所示。在数据库中检索到记录共 32 条，记录中显示了档案题名、责任者、时间、所属档案馆等数据项，如图 6-30 所示。其中，

① 青岛数字档案馆．青岛数字档案馆馆藏介绍[EB/OL]．[2014-12-02]．http：//www. qdda. gov. cn/ qddigitalarchives/front/article. jsp？ param=0&dqdm=.

现行文件可在线查看原件，其他类别档案可以在线预约到现场查阅档案。在检索结果页点击“更多检索”，可以从类别、所在馆藏、时间等方面进行限定检索，如图 6-31 所示。

图 6-29　关键字检索——输入检索条件

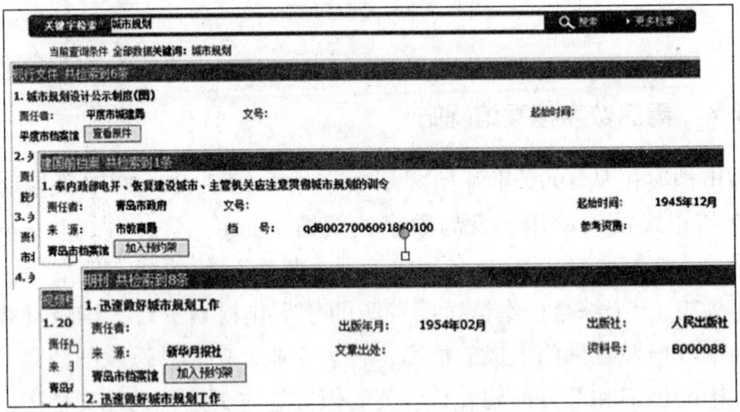

图 6-30　关键字检索——检索结果

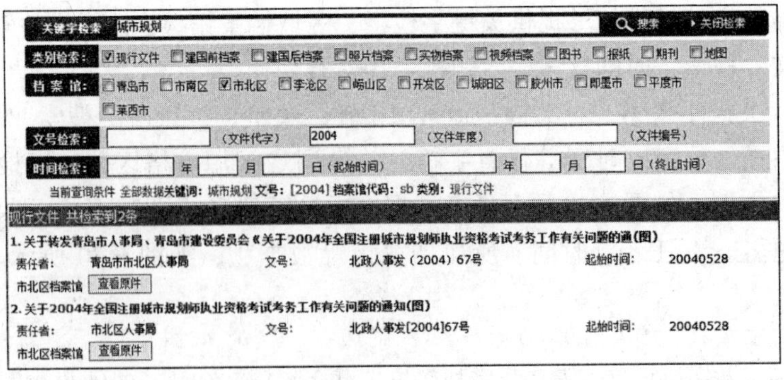

图 6-31　关键字检索——更多检索

（2）常用检索。青岛数字档案馆主页提供用户按照常见的档案类别、档案来源、档案专题、所属区域等进行一级检索，如图 6-32 所示。

图 6-32　常用检索

以现行文件为例，在类别检索中点击“现行文件”，进入现行文件检索界面，如图 6-33 所示。输入题名、责任者等即可进行检索，也可以按分类查询现行文件。

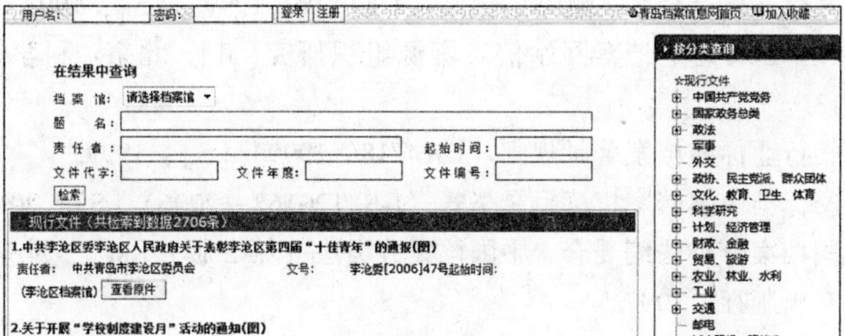

图 6-33　现行文件检索

参考文献

[1] 肖秋会．档案信息检索[M]．武汉：武汉大学出版社，2011.
[2] 王萍．电子档案著录标准及其应用[M]．长春：吉林大学出版社，2010.
[3] 邓绍兴．档案分类[M]．北京：首都师范大学出版社，1998.
[4] 国家档案局，国家经委，国家纪委．企业档案管理办法[S].2009.
[5] 国家档案局三司．企业档案分类与组卷实用参考[M]．北京：海洋出版社，1992.
[6] 冯惠玲．档案文献检索[M]．北京：高等教育出报社，1999.
[7] 王向明．档案文献检索[M]．上海：上海大学出版社，2001.
[8] 潘世萍，贺真．档案检索实验教程[M]．北京：北京师范大学出版社，2012.
[9] 中国档案主题词表编辑委员会．中国档案主题词表（第2版）[M]．北京：中国档案出版社，1995.
[10]《公文与档案主题标引》编写组．公文与档案主题标引[M]．北京：档案出版社，1992.
[11] 档案行业标准档案主题标引规则（DA/T19—1999）[S]，1999.
[12] 吴建华，曾娜．档案网站信息资源组织研究[M]．北京：科学出版社，2013.
[13] 档案行业标准档案著录规则（DA/T18—1999）[S]，1999.
[14] 国家标准中国档案机读目录格式（GB/T20163—2006）[S]，2006.
[15] 中国档案分类法编委会．中国档案分类法（第2版）[M]．北京：中国档案出版社，1997.

图书情报与信息管理实验教材

司　莉	信息组织实验教程
吴　丹	信息描述实验教程
肖秋会	档案信息组织与检索实验教程
许　洁	出版物排版制作软件实用教程
严炜炜	商务管理决策模型与技术试验教程
袁小群	数字出版物设计与制作
赵蓉英	信息计量分析工具理论与实践
吴志强	高级语言程序设计实验教程
陆颖隽	数据库原理与应用实验教程
黄如花	信息检索实验教程
王　林	信息系统分析与设计（课程设计）
王　平	多媒体技术应用实验教程
姜婷婷	信息构建实验
孙永强	社会调查与统计分析实验
张　敏	电子供应链理论与实践